초보연구자를 위한 질적 자료 분석 가이드

한유리

QUALITATIVE DATA ANALYSIS
A GUIDE FOR NOVICE RESEARCHERS

박영story

프롤로그

이 책은 기본적인 질적 자료 분석방법에 초점을 두고 있다. 질적 연구 설계나 글쓰기 등은 이미 많은 책에서 다루고 있으므로 포함하지 않았다. 질적 연구자라면 대부분 테마를 도출하고 해석과 결론을 제시하는 과정을 거친다. 언뜻 듣기에 단순해 보이는 이 과정은 사실 연구자의 깊은 사고와 이해가 요구되는 연구의 핵심이다. 하지만 초보 연구자는 무언가 의미 있는 결과가 나와야 한다는 강박이나 걱정에 결과를 도출하는 데에만 마음이 급해진다. 그래서 충분한 시간을 들여 분석과정을 찬찬히 살펴볼 때 얻을 수 있는 통찰을 놓칠 때가 많다. 또한 질적 분석의 기본 원리를 이해한다면 그 밖의 분석방법을 익히고 적용하는 데에도 도움이 된다. 이 책에서는 다루지 않지만 질적 연구와 분석방법은 다양하다. 방대하다는 표현이 더 적절할 것이다. 다양한 분석방법에 따라 현상의 다른 면에 초점을 맞출 수 있다는 걸 아는 연구자만이 자신의 연구 결과가 오직 하나의 진실이라고 주장할 우려에서 벗어날 수 있다Melissa, 2017.

차 례

● 프롤로그 / 3

제1부 질적 분석방법에 대한 전체적 그림

1 질적 자료를 분석한다는 것 10

자료 분석은 언제 시작되나? 11 / 그렇다면 질적 자료를 분석한다는 것은 무얼 의미할까? 12

2 연구자의 기본 가정 18

질적 연구자는 선행 지식을 완전히 비우고 현상을 새롭게 보아야 하는 걸까? 19 / 이론적 틀은 분석에서 어떤 역할을 하나? 20 / 연구자의 선입견이나 편견을 최소화하는 장치는 없을까? 23

3 자료는 구성되고 해석되는 것 26

질적 자료와 양적 자료는 어떻게 다를까? 27 / 자료는 객관적인 증거인가? 29 / 연구자의 해석이 개입되면 현상을 객관적으로 볼 수 없지 않을까? 30 / 만약 혼자 하는 분석이 잘못될 경우는 어떻게 하나? 31 / 여러 학자가 제시한 분석 가이드라인이나 선행 연구 사례를 따르면 결과가 잘 나올 수 있나? 32 / 분석을 도와주는 컴퓨터 프로그램이나 step-by-step 가이드는 없나? 33

4 **구체적인 자료를 추상적인 개념으로 바꿔 가기** 36

구체적인 자료는 분석과정에서 어떻게 바뀌어 가나? 37 / 범주적 사고(categorical thinking): 이건 어디에 속할까? 38 / 내러티브적 사고(narrative thinking): 어떤 이야기를 하고 있나? 40

5 **반복적 패턴과 테마 도출하기** 44

패턴은 무엇인가? 45 / 패턴과 테마는 어떠한 관련이 있나? 47

6 **연구의 의미와 시사점 논의하기** 50

연구의 의미란 연구 결과를 말하는 게 아닌가? 51

제2부 분석의 세부 과정

7 **자료를 정리하고 이해하기** 58

분석은 언제 시작하나? 59 / 분석 노트를 준비하라고 하는데, 여기에는 무엇을 적어야 하나? 60 / 현장에서 수집한 자료를 분석하려면 어떻게 해야 하나? 62 / 인터뷰를 전사할 때 어느 정도 자세히 기록

해야 하나? 62 / 인터뷰에서 참여자가 한 말을 모두 사실로 믿어야 하나? 65

8 **자료 줄이기: 코딩과 범주화** 68

인터뷰 전사를 마치면 바로 코딩을 시작하는가? 69 / 코딩이란 무엇이며 반드시 해야 하는가? 71 / 코딩하는 방법은 정해져 있는가? 73 / 코드북은 어떻게 만드나? 75 / 1차 코딩, 2차 코딩 등은 무엇을 의미하는가? 76 / 얼마나 꼼꼼히 코딩을 해야 하는가? 79 / 좋은 코드는 어떤 것인가? 80 / 범주화는 어떻게 하는가? 83 / 범주화는 분석에서 어떤 도움이 되는가? 85 / 간혹 범주에 잘 묶이지 않는 동떨어진 코드가 생기는데 어떻게 하면 좋은가? 86

9 **패턴 탐색과 테마 도출** 88

코딩을 마치면 무엇을 해야 하는가? 89 / 테마는 어떻게 도출하나? 93 / 테마를 도출하는 과정에서 주의할 점은 무엇인가? 95 / 만일 연구의 시작단계에서부터 테마에 대한 대략적 아이디어가 있을 경우는 어떻게 하는가? 103 / 테마를 도출한다는 것은 테마 분석을 의미하는가? 105 / 질적 연구를 통해 인과관계를 밝힐 수 있는가? 107 / 질적 연구는 순수하게 귀납적인 방법만 사용되는가? 112

10 **연구 결과 보여주기** 118

독자에게는 결과를 어느 정도로 자세히 기술해야 할까? 119 / 그렇다면 테마 내용만 간략히 요약하라는 뜻인가? 121 / 참여자를 최대한 긍정적으로 표현하는 것이 좋은가? 124 / 인용하기에 적절한 내용은 무엇인가? 126 / 인용문 외에도 다양한 자료 표현 방법을 활용할 수 있는가? 128 / 잘못된 질적 자료 표현 방식 132

11 연구의 질을 검토하기: 타당도 138

연구의 필요성과 연구 방법의 적절함을 설명한다 142 / 분석과정을 투명하게 밝힘으로써 분석이 엄격하고 일관되게 이루어졌음을 보여준다 143 / 결과에 대한 신뢰가 높아지도록 다양한 증거를 제시한다 145 / 연구자의 편향을 줄이고 현실을 최대한 있는 그대로 보여주기 위해 취한 조치들을 밝힌다 150 / 연구자의 진정성과 윤리적인 태도를 보여준다 155

- **에필로그** / 158
- **참고문헌** / 164
- **찾아보기** / 170

RESEARCH

제1부

질적 분석방법에 대한 전체적 그림

1 질적 자료를 분석한다는 것

2018. x. xx (수요일)

자료가 모아지고 있다.
질적 연구는 자료 수집이 끝나기 전에도
분석이 시작된다고 하던데, 그렇다면
이제부터 슬슬 분석을 시작해야 하나?
어떻게 하면 되지?

자료 분석은 언제 시작되나?

내 처음 인터뷰 참여자는 연구 문제에 대해 나와는 전혀 다른 관점을 가진 사람이었다. 인터뷰 하는 동안에 나는 그의 이야기 중 몇 가지가 연구 결과에 중요한 영향을 줄 것이란 생각이 들었다. 인사를 마치고 나오는 즉시 옆에 있던 의자에 앉아 떠오른 아이디어들을 부지런히 노트에 적어 두었고, 이 내용 중 일부분은 나중에 논문에 그대로 포함되었다.

이처럼 질적 연구과정에서 분석은 자료 수집이 끝나기 전부터 자연스럽게 시작된다.

그렇다면 질적 자료를 분석한다는 것은 무얼 의미할까?

좋은 책을 읽더라도 그 내용을 소화해서 자신만의 지식으로 만들지 못하면 정보의 나열에 그친다. 마찬가지로 분석은 취합된 자료를 자신만의 것으로 소화해가는 과정이다. 그 과정을 연구자에 따라 다양하게 설명하는데, 예를 들면 다음과 같다.

- 자료를 연구 결과로 변환하기LeCompte, 200
- 자료에서 패턴을 찾고, 왜 그런 패턴이 존재하는 지를 설명하는 아이디어 찾기Bernard & Ryan, 2010
- 자료를 이해하고, 해석하고, 이론화 하는 것으로 예술인 동시에 과학적 활동이며 자료를 조직화하고, 줄이고, 묘사하고, 결론내고, 해석하고, 그 해석에 근거를 제시하는 과

정이 포함되는 것Schwandt, 2015

- 자료를 기술하고, 분석하고, 해석하는 차원으로 변형하기 Wolcott, 1994
- 자료를 감소하고, 배열하고, 결론 도출하기Yin, 2013

이처럼 다양하게 표현한 이유는 무엇일까? 아마도 질적 자료의 분석과정이 **순환적이고 반복적이며 단계를 명확히 구별하기 힘든 특성**을 갖기 때문일 것이다. 그래서 순차적 설명을 하기보다는 우선 분석과정의 전체적 모습을 이해하는 게 좋을 것 같다. 질적 분석의 과정을 간단히 그림으로 그려보았다.

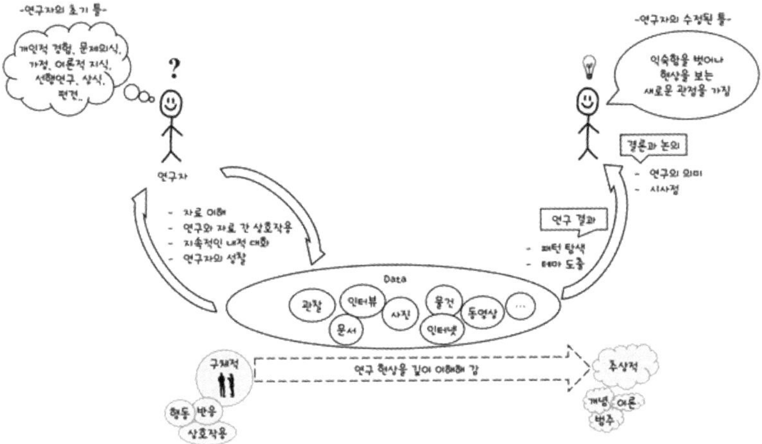

그림을 좀 더 설명해 보자면,

1 먼저, 연구자는 아무런 사전지식 없이 연구를 시작하는 것이 아니다. 연구 문제에 대한 관심과 개인적 경험, 어떤 결과가 나올지에 대한 가설, 선행연구 결과와 이론적 지식들, 상식이나 편견 등이 모두 연구자가 연구 현상을 보는 초기의 틀로 작용한다.

2 연구자는 다양한 자료를 이해해 나간다. 이때 자료란 연구자에 의해 구성되는 것이지, 연구 문제의 답을 고스란히 간직한 객관적인 증거가 아니다. 연구자가 선택한 참여자로부터 특정 시기와 장소에서 얻은 정보인 것이다. 참여자는 연구자의 질문에 본인의 해석이 포함된 답변을 하고, 연구자는 이 답변에 자신의 해석을 더하게 된다. 즉, 질적 분석은 해석의 과정이며, 자료와 연구자 간의 지속적인 상호작용의 과정이다.

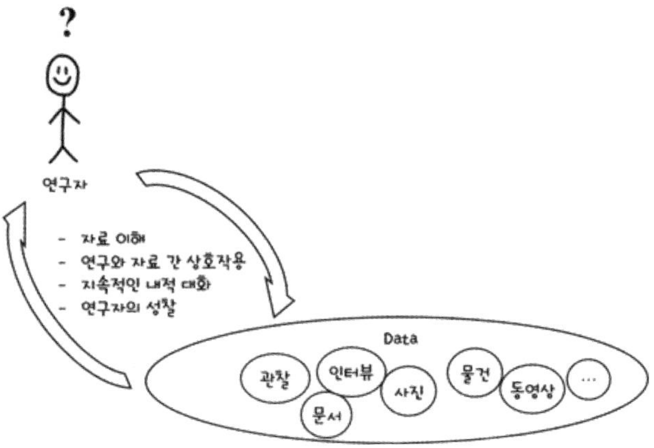

3 분석이 진행되면서 참여자의 구체적인 말이나 행동, 사건들은 점차 범주나 개념, 이론과 같은 추상적인 용어로 바뀌어 간다.

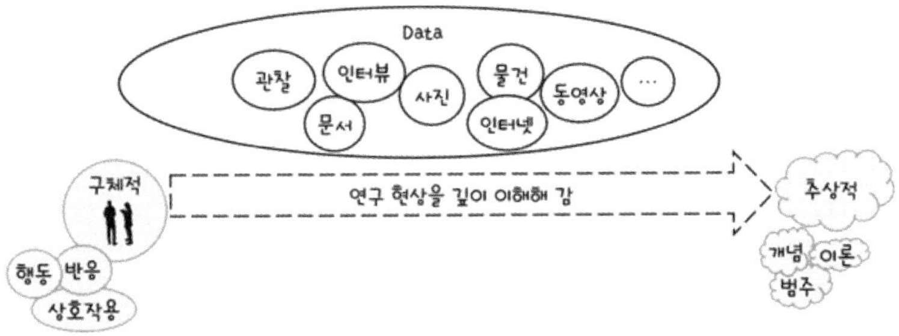

4 무질서해 보이던 자료 안에서 연구 현상과 관련된 반복적 패턴들이 눈에 들어오기 시작하고 연구자는 연구 문제에 답을 제공하는 중요한 테마들을 도출한다.

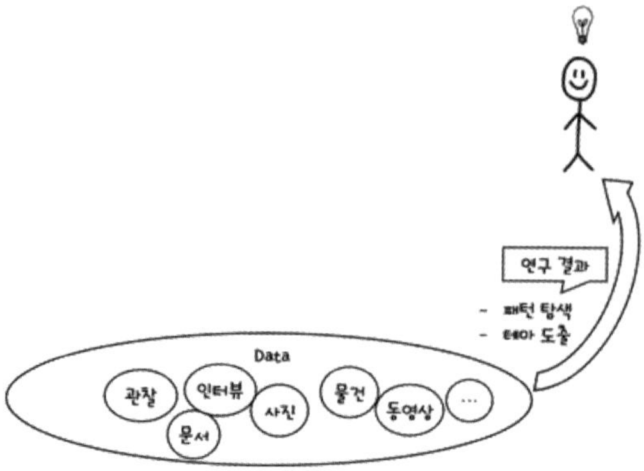

5 여러 관점으로 자료를 이해하는 과정에서 연구자가 연구 현상을 보던 초기의 틀은 수정된다. 이를 바탕으로 연구자는 일상과 사회에 대한 새로운 통찰을 제시한다. 연구 결과가 선행연구와 어떻게 연결되는지를 밝히고 학문적, 이론적, 실용적, 방법론적 시사점을 제시하며 마무리 한다. 연구는 또 다른 추후 연구로 이어지며 현상에 대한 이해가 지속적으로 확장될 것이다.

1장의 나머지 부분에서는 위의 과정에 대한 세부적 설명이 이어진다.

2 연구자의 기본 가정

질적 연구자는 선행 지식을 완전히 비우고 현상을 새롭게 보아야 하는 걸까?

가설 검증 위주의 양적 연구와는 달리 질적 연구는 주로 새로운 발견이 목적이다. 하지만 질적 연구자가 완전히 열린 자세를 유지하는 건 불가능하다. 개인적인 경험이나 이론적 지식, 선행연구 결과들, 문제의식, 상식, 선입견이나 편견 등에서 나온 "암묵적인 이론Tacit theories"은 현상을 보는 틀로 작용한다LeCompte, 2000, p. 146. 따라서 연구자는 자료를 수집하기 전부터 연구 현상에 대한 잠정적인 가설을 가질 수 있다. 단, 이것이 임시적이라는 점에서 양적 연구와 차이가 있다. 새로운 자료가 나타나면 기존의 개념과 가설에 지속적인 수정이 일어나면서 보다 정교해진다. 따라서 연구자의 초기 가설을 **작업 개념**working concept 또는 **작업 가설**working hypothesis이라고 한다Gubrium & Holstein, 2014, p. 36.

이론적 틀은 분석에서 어떤 역할을 하나?

관찰을 예로 들어보자. 지나가는 사람들을 막연히 쳐다보는 것이 관찰은 아니다. 무언가를 새롭게 발견하기 위해서는 어디에 초점을 두고 볼 지 먼저 결정을 해야 한다. 사람들의 상호작용을 본다든지, 물건을 팔기 위해 취하는 언어 전략을 본다든지, 또는 정신분석적 관점에서 개인의 내면 경험을 분석한다든지와 같이 초점에 따라 같은 시간, 같은 장소에서 관찰을 하여도 전혀 다른 걸 발견할 수 있다. 마찬가지로 **이론적 틀**theoretical framework이란 연구자가 복잡한 문제나 이슈를 다룰 때 자료의 어떤 부분에 초점을 둘 지를 결정하는 틀이다Reeves, Albert, Kuper & Hodges, 2008. 예를 들어 연구자는 메지로우의 전환학습이론이라든지 반듀라의 자기효능감과 같이 다양한 실증적 이론을 연구에 적용할 수 있다. 혹은 인종이나 젠더, 문화, 계급 등의 더 큰 사회구조가 개인에게 어떠한 암묵적 영향을 미치는가에 관심이 있기 때문에 비판이론이나 페미니스트 연구과 같은 이론적 틀을 가지고 현상을 볼 수도 있다. 그 밖에도 방법론적 근거에 따라 근거이론이라면 상징적 상호작용이론, 현상학이라면 다양한 현상학적 철학적을 통해 연구주제를 살펴볼 수 있다. 또는 포스트모더니즘 관점을 선택하여 해석을 최소화하고 참여자의 경험을 최대한 가깝게 보여줌으로써 독자가 스스로 해석적 판단을 내리도록 결론을 열어두기도 한다Grbich, 2013.

이론적 틀은 수많은 자료 중에서 필요한 것을 추려내는 "체"의 역할을 해준다Anfara & Mertz, 2006, p. 192. 관점을 새롭게 해서 평범한 일상을 벗어나 새롭게 볼 수 있는 창의력을 제공하고, 자료를 심층적으로 분석하도록 돕는다Alasuutari, 1996. 이미 학계에 알려진 이론을 연구에 적용할 경우에는 다양한 학문간 대화가 가능해지며 기존의 이론을 수정하거나 발전시킴으로써 학문 커뮤니티에 기여하게 된다. 반면, 이론적 틀은 연구자가 다른 중요한 자료를 간과하게 만들거나 복잡한 현상을 지나치게 환원주의적으로 보게 만들 우려도 있다. 기존 이론의 개념에 자료를 끼워 맞출 수도 있다. 따라서 연구자는 특정 관점에 입각한 연구의 한계가 무엇인지를 인지해야 한다.

사회과학에는 동일 현상을 설명하는 다양한 경쟁 이론이 존재하며 연구자가 자신의 이론적 틀을 명확히 한다는 건 **현상을 보는 다양한 접근방식이 존재함을 알고 있다는 의미**가 된다Alasuutari, 1996. 그렇기 때문에 연구자는 자신의 연구 질문과 설계에 암묵적으로 작용하는 이론적 틀과 가정을 적극적으로 드러내야 한다. 그리고 분석과정에서 자신의 초기 이론적 틀에 도전하며 현상을 더 잘 설명해 낼 수 있는 이론적 틀을 개발해야 한다(즉, 질적 연구는 구체적인 현장에서 일어나는 현상을 이론화theorizing를 해가는 과정이라고 할 수 있다). 자신의 학문분야를 넘어서 다른 분야의 서적을 읽거나, 동료와 이야기를 나누는 것, 다른 전공 영역 연구자들과 고민을 나누는 것은 연구자의 암묵적 가정을 드러내고 사고를 넓혀줄 수 있기 때문에 도움이 된다Anfara & Mertz, 2006, p. 191. 이런 노력을 통해 연구자는 자신이 수집한 자료가 현상을 명백하게 설명하고 있다는 자기 기만적인 자세를 벗어나 새로운 증거 앞에서 끊임없이 자신의 관점을 수정해가는 성찰적인 접근을 할 수 있다Alasuutari, 1996.

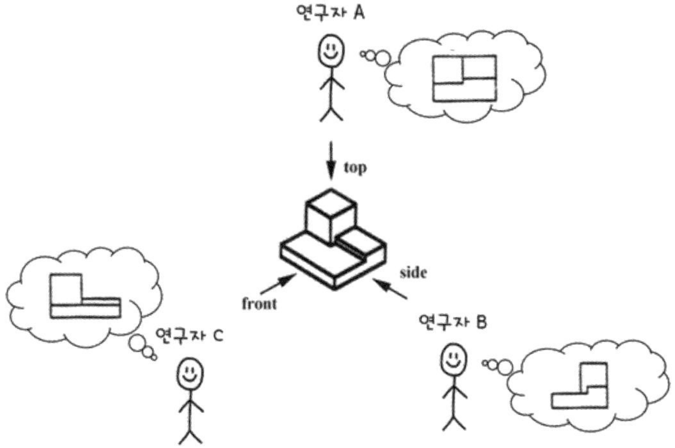

연구자의 선입견이나 편견을 최소화하는 장치는 없을까?

선입견이 새로운 이해를 방해할거라는 생각과는 달리 철학자 가다머Gadamer, 1975·1989는 새로운 이해가 일어나기 위해서 반드시 선이해pre-understanding가 필요하다고 하였다. 아무것도 모르는 상태에서는 또한 아무것도 알 수 없기 때문이다. 따라서 허먼Herman, 2017의 다음 말처럼 편견에 대한 생각을 다시 해 볼 필요가 있다.

"편견은 우리가 세상을 보는 방식을 바꿔놓을 뿐 아니라 행동에도 영향을 미칠 수 있는 지각필터다. … 우리는 생물학적으로 편견을 갖도록 태어났고, 편견은 본질적으로 부정적인 것만은 아니다. 편견을 인지하고 자세히 살펴본 이후에도 사실이 아니거나 도움이 되지 않거나 타인에 대한 부당한 믿음에 근거한 편견을 극복하지 않을 때 문제가 발생한다. … 누구에게나 편견이 있다고 해서 그냥 놓아두면 고정관념이나 편협함으로 이어질 수 있기 때문이다Herman, 2017, p. 316."

편견은 우리가 무언가를 믿고 싶게 만드는 감정과 경험으로 이루어졌으므로 질적 연구자는 자신의 초기 틀로 작용할 수 있는 이런 감정과 경험이 어디서 시작되는 지 검토해 보아야 한다. 연구를 설계하는 시점부터 연구자의 주관성Subjectivity을 기술하고, 논문에도 명시하여 다음과 같은 사항을 독자와 공유하려 노력한다.

- 내가 세상을 보는 렌즈는 어떠한가? (연구자의 성별, 나이, 인종, 사회경제적 계급, 직업 등)
- 나의 가치와 태도, 신념, 이론적 관점은 어떠한 정보를 걸러낼 필터가 될까?
- 이 주제는 나에게 왜 중요한가?
- 연구를 하려는 동기는 무엇인가?
- 이 주제와 관련된 나의 경험은 무엇인가?

3 자료는 구성되고 해석되는 것

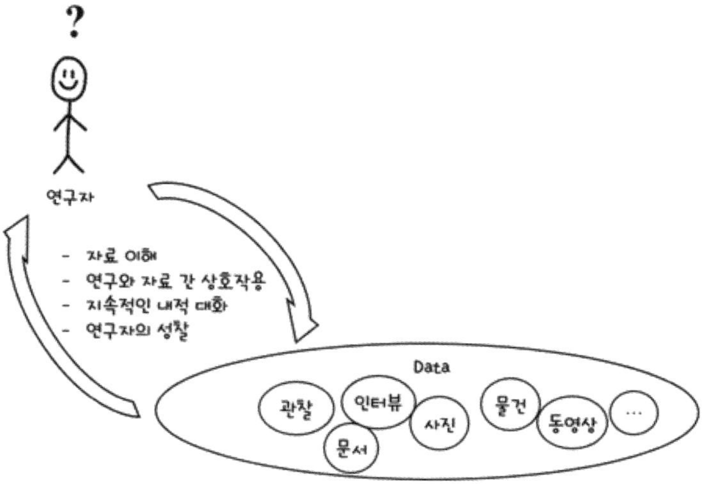

질적 자료와 양적 자료는 어떻게 다를까?

연구의 종류와 상관없이, 자료는 특정 경험을 기록 가능한 단위로 만드는 과정에서 만들어진다Bernard &

Ryan, 2010, p. 5. 양적 자료와 질적 자료를 구분하자면,

- **양적 자료**는 사람들의 경험을 수치로 줄인 것이다.
- **질적 자료**는 사람들의 생각, 행동, 감정 등의 경험은 물론 물건이나 환경을 단어나 소리, 사진 등으로 줄인 것이다. 질적 자료는 그 종류가 매우 다양하다. 관찰이나 인터뷰 자료와 같이 연구 목적을 가지고 연구자에 의해 인위적으로 취해진 진 것도 있고, 옛 그림이나 광고, 기사, 일기, 블로그와 같이 자연스럽게 구할 수 있는 것도 있다. 그 외에도 이미지, 영화, 동영상, 물건, 예술작품, 웹페이지, 편지, 이메일, 공문서, 카탈로그, 신문, 낙서, 만화 등이 질적 자료에 포함된다.

질적 자료는 **복잡한 자료**이지, 양적 자료보다 약한 자료가 아니다. 오히려 양적 자료만으로 포착하지 못하는 현상을 더 잘 이해하는데 도움이 된다Kuchartz, 2014. MRI 스캔을 통해 촬영한 사진은 정교한 판별이 필요한 질적 자료의 예다. 환자에게 더 좋은 치료를 제공하려면 각종 검사로 나온 수치와 함께 MRI 사진을 이해해야 한다. 즉, 질적 자료와 양적 자료는 서로 보완적 역할을 한다.

자료는
객관적인 증거인가?

자료 안에 연구 질문에 대한 답이 이미 들어있다고 볼 수 있을까? 물론 '자료'라는 단어의 뜻을 단순하게 받아들이면 그렇게 생각될 수 있다. 자료를 뜻하는 data란 datum의 복수형이며, "주어진 것(things) given"이란 의미를 갖고 있기 때문이다. 하지만 모든 자료는 **연구자가 의도를 가지고 구성한 것**이다. 실용주의의 대가 존 듀이가 말했듯 자료는 특정 현상을 이해하려는 연구자에 의해 의도를 가지고 "**취해지는**taken" 것이다 Brinkmann, 2014, p. 721. 즉, 연구자는 자신의 연구 문제에 적합한 답을 제공해 줄 수 있을만한 인터뷰 질문을 만들어서 현장으로 나간다. 동일한 주제를 연구한다고 해도 여기에 접근하는 인터뷰질문이 달라진다면 다른 자료가 구성될 것이다. 인터뷰 질문을 만들기 어렵다고 다른 논문에서 사용한 인터뷰 프로토콜을 똑같이 카피하여 자신의 연구에 사용하는 것이 문제가 되는 이유다.

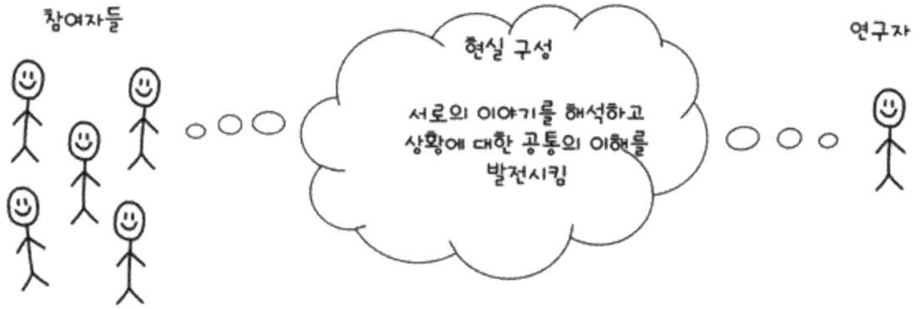

연구자의 해석이 개입되면 현상을 객관적으로 볼 수 없지 않을까?

연구자는 분석과정에서 참여자의 의도나 생각을 정확히 반영하려 노력해야 한다. 하지만 자료란 본래부터 연구자에 의해 구성되는 것이며 연구의 모든 단계에 연구자의 생각과 판단이 들어갈 수밖에 없다. 오히려 해석 활동은 질적 연구에서 중요한 부분이다. 전문 의학 교육을 받지 않은 일반인이 MRI 사진을 보았을 때 바로 이해할 수 없듯이, 질적 자료는 분석을 필요로 한다. 만일 "자료가 그 자체로 자명하다면 분석은 필요 없을 것이다Schwandt, 2015, p. 57."

분석은 해석을 포함하는 과정이기 때문에 자료를 보는 사람에 따라 다른 견해를 주장할 수 있다. 동일한 MRI 사진을 가지고도 찾아가는 의사마다 다른 진단을 내릴 때와 비슷하다. 마찬가지로 질적 연구는 연구자에 따라 분석과 해석에서 차이를 보일 수 있다. 이런 점 때문에 질적 분석을 어려워하거나 분석결과를 신뢰하지 않으려는 사람이 있다면 다음과 같은 조언이 도움이 될 것이다.

> "자료는 '스스로' 말하지 않는다. 그것과 가장 근접한 경우는 똑같은 자료에 대해서 모든 사람의 해석이 거의 동일한

때다. 그러나 그런 형태의 의견 일치는 아주 드문 경우가 아니면 일어나지 않는다. (이것이 질적 자료의 중요한 한계라고 생각하는 사람들은 경제학과 같이 양적 자료가 지배적인 영역에서 현저하게 다른 해석과 일치의 부족 현상이 발생한다는 것을 기억하는 것이 좋다) Yin, 2013, p. 320"

만약 혼자 하는 분석이 잘못될 경우는 어떻게 하나?

사회과학은 끊임없이 변화하는 현상을 다루기 때문에 하나의 정답이 있을 수 없다. 따라서 분석결과를 '맞다', '틀리다'의 이분법으로 단정짓기는 어렵다. 다만, 최종 연구 결과가 빈약하거나, 연구자의 가정을 뒷받침하는 자료만을 수집하거나, 연구 현상의 일면만을 보고한다면 좋은 연구가 될 수 없다. 이는 타당도와도 관련된 문제이므로 연구 설계와 자료 수집 및 분석의 전 과정에서 주의를 기울여야 한다.

때로 여러 명의 연구자가 코드북을 공유하며 함께 분석을 할 수도 있다. 여럿이서 의견 조율을 통해 편견을 줄여나가기 때문에 특히 팀으로 연구 프로젝트를 진행하거나 직접 수집하지 않은 간접 자료를 분석할 때 도움이 된다. 다만, 연구자(또는 코더coder) 간 일치도가 높다고 무조건 좋은 질적 연구가 되는 것은 아니며, 오히려 창의적인 연구를 침해할 수도 있다. 대부분의 질적 연구의 경우 자료를 취합하고 현장을 경험한 당사자가 연구 현상에 대해 가장 잘 알 수 있기 때문에 분석 역시 스스로 하는 것이 바람직하다. 다른 연구자로부터의 비난을 피하기 위해 코더 간 일치도를 맹신하거나 양적 연구를 모방해서 결과를 제시하는 것은 연구자가 질적 연구 고유의 특성을 이해하지 못했음을 보여준다Pratt, 2009. 질적 연구자는 컴퓨터 소프트웨어나 코더 간 일치도 뒤에 숨을 수 없다. 결국 분석은 연구자의 성찰 능력, 과거 경험, 지식, 창의성 등을 반영한다Revsbæk & Tanggaard, 2015.

여러 학자가 제시한 분석 가이드라인이나 선행 연구 사례를 따르면 결과가 잘 나올 수 있나?

패튼Patton, 2017, p. 794의 말대로 "모든 질적 연구는 독특하며 그 분석적 접근법도 독특"하다. 가이드라인이 있다 해도 통찰력 있는 연구 결과를 보장하지는 않는다. 번호 따라 그리기 놀이를 하다 보면 사자나 공룡 같은 그림이 완성되지만 결코 걸작은 나올 수 없듯이 말이다Watts, 2014. 심지어 '누구누구의 몇 단계 분석법'을 적용하였다고 논문에 기술하였으나 실제로는 전혀 다른 분석을 해놓기도 한다. 사실 '누구누구의 몇 단계 분석법'도 그 학자가 제시한 방법일 뿐 무조건 따라야 하는 법칙이 아니므로 질적 연구자는 필요하다면 분석과정의 일부를 기꺼이 수정할 수 있다King & Horrocks, 2013. 즉, 연구자의 분석적 관점과 창의성이 배제된 채 방법만 강조한다고 좋은 연구 결과를 기대할 수 없다. 자신의 판단력에 따라 가이드라인이나 절차적 제안들, 선행 연구 사례들을 유연하게 적용해야 한다. 물론, 질적 연구의 유연성을 방패 삼아 되는대로 분석을 하는 것은 당연히 문제가 된다Kuchartz, 2014. 이와 관련된 내용은 타당도 부분에서 자세히 다룰 것이다.

분석을 도와주는 컴퓨터 프로그램이나 step-by-step 가이드는 없나?

질적 자료 분석 소프트웨어CAQDAS가 있다. 하지만 데이터를 넣으면 자동으로 결과값을 제시하는 통계패키지와는 다르다. 직접 코드를 분석하고 입력하는 건 연구자이고 CAQDAS는 단지 보조적인 역할을 담당한다. 최근에는 CAQDAS를 사용한 연구가 늘고 있다. 자료가 방대할 때, 다양한 자료를 한 곳에 저장할 때, 여러 명의 연구자가 공동 프로젝트를 할 때에는 특히 CAQDAS가 도움이 된다. 하지만 혼자 논문을 쓰는 초보 연구자의 경우, 상대적으로 적은 자료에 비해 CAQDAS를 구입하고 사용매뉴얼을 익히는 것이 오히려 부담일 수 있다. 또한 플릭Flick, 2014, p. 14의 우려처럼 특정 연구접근법을 바탕으로 개발된 CAQDAS의 경우 다른 접근방법에는 사용하기 어려울 수도 있고, 해당 소프트웨어의 논리적, 시각적 구조가 연구자의 분석에 암묵적인 영향을 미칠 수도 있다. 그리고 자료를 읽고 깊게 사고할 때에는 컴퓨터 모니터를 보는 것보다 종이에 인쇄하여 보는 것을 선호하는 연구자도 많다. 보통 대학원생이 논문을 쓸 때에는 일단 종이에 프린트 하여 어느 정도 분석을 시작한 후 Word나 Excel 프로그램을 활용하면 충분하다.

4 구체적인 자료를 추상적인 개념으로 바꿔 가기

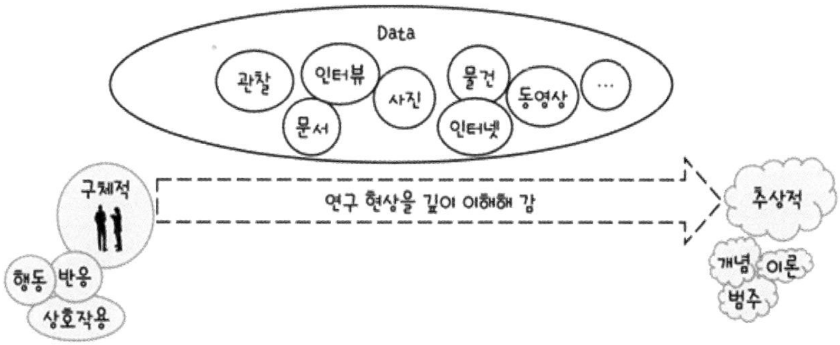

구체적인 자료는 분석과정에서 어떻게 바뀌어 가나?

질적 연구는 현장의 이야기를 풍부한 묘사로 전달한다. 중요해 보이는 참여자의 말은 직접 인용문으로 논문에 포함하여 독자와 생생한 경험을 공유한다. 하지만, 질적 연구가 단지 참여자들이 한 이야기의 요약에 불과하다면 이는 연구로써 가치가 떨어질 것이다. 구체적인 현장의 그림은 분석이 심화되면서 점차 추상적으로 바뀌어 가는데 그 이유를 질적 분석과 관련된 두 가지 기본적인 사고방식과 연관시켜 이해해 볼 수 있다. 이 두 가지 사고방식은 범주적 사고와 내러티브적 사고다Freeman, 2017.

범주적 사고 categorical thinking
: 이건 어디에 속할까?

2부에서 자세히 설명하고 있지만, 코딩이 어느 정도 이루어지면 연구자는 비슷한 속성을 공유하는 코드끼리 묶어간다. 이를 범주화categorization라고 한다. 범주화는 삶에 매우 유용하다. 우리는 마트에 가면 음료는 음료대로, 과일은 과일대로 놓여있다는 사실을 이미 알고 있기 때문에 처음 가보는 동네의 가게에서도 원하는 물건을 쉽게 찾을 수 있다. 범주화 능력은 어려서부터 시작된다. 아이들이 말을 하기 시작하면 동시에 주변 물건의 이름을 배우기 시작하는데, 머릿속에 그려진 이미지와 비슷한 속성을 지닌 대상을 보면 두 대상을 동일하게 부르는 걸 볼 수 있다. 예를 들어 아이가 동물원의 기린을 보고 "형"이라고 말했다면, 이는 친형을 의미하지 않는다. 아이의 머릿속에 "형"이란 단어는 엄마, 아빠를 제외하고 자신보다 키가 큰 대상이라는 의미의 추상적 범주로써 저장돼 있는 것이다. 이처럼 아이들도 범주화 능력을 활용하여 추상적인 방식으로 언어를 사용할 수 있다.

마찬가지로, 연구자는 현장에서 모은 방대한 자료를 우선 줄일 필요가 있는데 이때 범주적 사고를 활용한다. 비슷한 것끼리 모은 후 모아진 것을 대표하는 이름을 새롭게 붙인다. 이 과정이 여러 번 반복되다 보면 자료는 점차 더 크고 포괄적인 범주에 속하게 되고 범주의 이름 역시 추상적으로 바뀌어 간다. 예를 들어, "책방에 가곤 합니다", "친구와 커피를 마시며 담소를 나눠요"라는 참여자의 이야기들은 "여가시간 활용"이라는 범주로 묶일 수 있다.

또한, 범주화 하면서 구체적인 내용은 점차 개념concept과 연결된다. 개념의 정의를 사전에서 보면 '생각으로 인식된 어떤 것, 구체적 현상으로부터 일반화 된 추상적 생각'을 말한다. 개념은 사물 등을 상징적으로 보여주는데 예를 들어 구체적인 학교 건물은 "교육"을, 스마트폰은 "커뮤니케이션"을, 저축을 하는 것은 "미래 준비"를 상징하는 개념이라고 할 수 있다. 이처럼 분석과정에서 구체적이던 자료는 점차 추상적인 개념으로 바뀌어 간다.

내러티브적 사고narrative thinking
: 어떤 이야기를 하고 있나?

구체적이던 자료가 점차 추상적인 개념으로 바뀌어 가는 데에는 내러티브적 사고도 영향을 미친다. 내러티브는 사람들이 자기 자신을 이해하고, 세상을 해석하는 방식을 이야기 형태로 구성하는 것으로써 위에서 설명한 범주적 사고와 함께 우리가 무언가를 알아가는 근본적인 수단이다Bruner, 1986 · 1990, King & Horrocks, 2013에서 재인용. 내러티브적 사고는 다음과 같은 인식을 전제로 한다Freeman, 2017, p. 37

- 인간은 말할 가치가 있는 이야기를 가지고 있다.
- 아무리 다른 얘기와 비슷해 보이는 이야기라도 나름의 독특함이 있다.
- 다른 이야기와 아무리 다르고 독특하다 해도 일반적인 인간 존재에 대한 중요한 관점을 제공한다.
- 이러한 독특함과 일반성 간의 관련을 통해 인간의 해석이 포함된 개인적, 역사적, 사회적, 언어적, 문화적 유산들에 대해 배울 수 있다.
- 줄거리와 플롯은 결코 고정적이지 않고, 인간의 변화를 보여주며 변화 가능성을 보여준다.

연구자는 분석을 하면서 밖에서 보기에는 이상하거나 알 수 없는 참여자의 독특한 이야기뿐만 아니라 그 속에 숨겨진 보편적이고 일반적인 인간의 특성과 관점을 설명해야 한다. 또한 눈으로 볼 수 있는 실질적인 내용들의 이면에서 작용하는 암묵적인 신념이나 규율, 태도 등을 밝혀내려 한다. 이 과정에서 구체적인 내용들이 이론이나 개념 등을 포함한 보다 추상적인 내용으로 바뀌어 가는 것이다.

질적 분석은 단지 눈에 보이는 것들을 기술하는 연구가 아니다. 아무리 자세히 묘사한다고 해도 연구자가 표면적인 분석에 머물 경우에는 연구 문제에 대한 통찰을 얻기 힘들다. 질적 자료를 분석하는 것은 빙하의 모습과 같다. 수면 위에 보이는 것을 통해 물 속에 잠겨있는 개인적 가치, 신념, 태도 등을 살펴보고 이를 통해 더 큰 문화와 사회, 정치적, 역사적 맥락 등을 알아간다.

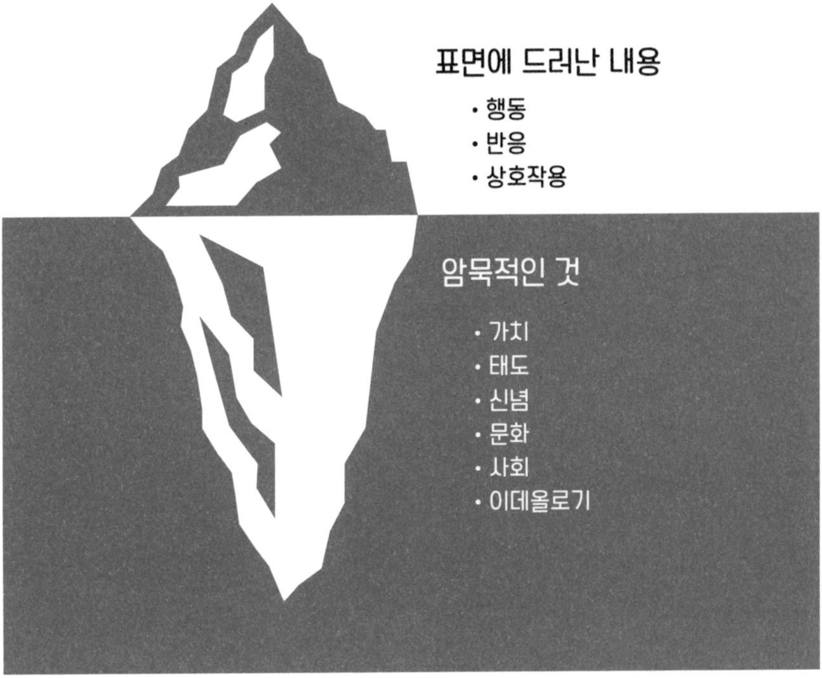
표면에 드러난 내용
• 행동
• 반응
• 상호작용
암묵적인 것
• 가치
• 태도
• 신념
• 문화
• 사회
• 이데올로기

5 반복적 패턴과 테마 도출하기

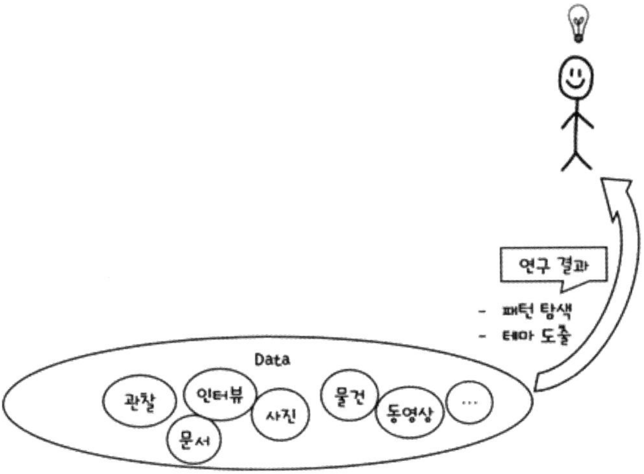

패턴은 무엇인가?

패턴patterns을 알아차린다는 것은 어떤 일이 행해지는 방식이나 반복되는 배열을 알아차리는 것과 같다.

예를 들어 매일 아침에 일어나서 현관문을 나서기 전까지 반복하는 일련의 유사한 행동들을 패턴이라고 할 수 있을 것이다. 형사들은 현장에서 발견된 지문의 독특한 패턴을 확인하고, 수첩에 적힌 메모의 작성자를 알아보기 위해서 글씨체에서 반복적으로 발견되는 독특한 패턴을 비교해 본다. 이처럼 패턴은 모든 일상에 자리잡고 있다.

인간은 패턴을 인식하는 능력이 매우 발달해있다. 세계적인 발명가이자 미래학자인 레이 커즈와일Ray Kurzweil은 "인간 사고의 위대함은 패턴을 인식하는 데 근거한다. 컴퓨터가 패턴을 더 잘 인식할수록 인간과 더욱 비슷해질 것이다"라고 하였다(뉴욕타임즈, 2003, 11월 24일자). 인간은 여러 정보를 감각기관으로 포착한 후에 지금까지 기억에 축적된 정보를 토대로 포착한 정보가 무엇을 의미하는지 판단한다. 일상 속에서 조금만 관심을 기울이면 우리는 쉽게 패턴을 찾을 수 있다. 처음 회사에 입사하면 모든 것이 낯설다. 하지만 불과 며칠이면 상사들마다 어떤 상황에 기분이 좋아지거나 화를 내는지, 직원별로 하루의 업무를 어떻게 시작하는지, 커피는 보통 어떻게 마시는 걸 좋아하는지 파악할 수 있다. 이처럼 반복적으로 일어나는 패턴은 사회의 질서를 유지하고 구성원에게 안정감을 준다Patton, 2015. 패턴을 알면 미리 대비하고 문제가 발생했을 때 대책을 세울 수 있기 때문이다.

패턴과 테마는 어떠한 관련이 있나?

패턴은 "테마(주제)들의 기초"다Patton, 2017, p. 823. 예를 들어 가출청소년을 대상으로 한 연구에서 "슬픈 감정을 숨기기" 라든지 "게임 속 가상 현실에서 살기" 또는 "매일 술 마시기" 등의 이야기가 나온다고 가정해보자. 이런 행동은 참여자들이 "자극에 무감각해지기 위해서 취하는 자기만의 방식이나 전략"에 속할 수 있다. 즉, 참여자들에게서 반복적으로 보여진 패턴이 드러난 것이다. 이것이 확장되면 "진정한 감정과의 단절로 암울한 현실에서 버텨가기"라는 테마가 나올 수 있다.

테마themes란 자료에서 발견되는 의미 있는 패턴들로, 참여자들 사이에 공통되게 흐르는 아이디어Harding, 2013이자 연구 질문에 중요한 답을 제공하는 것이다Braun & Clarke, 2016; Joffe, 2012. 물론 질적 자료는 복잡하고 모호해서 패턴과 테마를 찾기가 쉽지 않다. 실제 삶의 모습은 계속해서 변화해가고, 하나의 사건에 대해서도 입장에 따라 상반되는 관점이 존재하며, 혼돈이나 무질서 속에 있다. 따라서 "사람과 사회생활 속에서의 간극, 불일치성, 모순 등을 여전히 포함하면서도 일관성 있고 논리적인 기술과 설명을 찾는 것Miles et al., 2014, p. 10"이야말로 질적 연구자에게 주어진 분석적 도전 과제다.

6 연구의 의미와 시사점 논의하기

연구의 의미란 연구 결과를 말하는 게 아닌가?

월코트Wolcott, 1994는 질적 분석의 최종 목적이 단지 자료를 변환transform하는 것이 아니라 그것을 뛰어넘는transcend 것이라고 하였다. 연구자는 단지 연구 결과를 기술하는 것뿐만 아니라 그것의 의미가 무엇인지를 해석해야 한다.

인간은 의미를 추구한다. 특히 그것이 자신과 어떠한 관계가 있는지에 대해 궁금해한다. 기존의 이해를 넘어서서 새롭게 의미부여를 할 수 있다면 익숙하거나 평범하게 지나쳐왔던 현상을 다른 관점으로 보고 느낄 수 있다. 그러면 다르게 행동할 가능성이 생긴다. 더 나아가 사회 변화가 가능해진다.

해석의 필요성을 알아보기 위해 예를 들어보자. 샤마즈 Charmaz, 2013는 코딩을 통해 만들어진 코드를 뼈에 비유했다. 비슷한 뼛조각이 모여 발가락이나 갈비뼈 같은 부위들을 형성하고(패턴이나 범주), 이를 위계적으로 결합하면 몇 개의 주요 부위가 형성된다(테마). 최종적으로 가장 중요한 척추 뼈(핵심 테마)를 중심으로 연결을 하면 하나의 형태(연구 결과)가 완성된다.

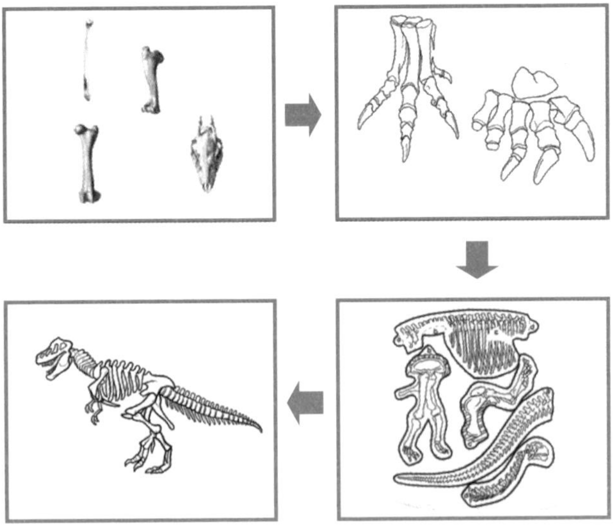

보통, 이렇게 뼈를 맞추면 끝이 난다. 하지만 하나의 공룡 형태가 완성되어도 추가적인 해석이 없이는 공룡의 존재와 멸종이 우리에게 주는 의미가 드러나지 않는다. 오래 전 한반도의 주인이 공룡이었다거나 우리나라 최초 공식 학명의 공룡은 부경고사우루스 밀레니움 아이라는 것, 공룡 멸종에는 지구 기후변화, 자원을 둘러싼 포유류와의 경쟁, 심지어 포유류가 공룡 알을 훔쳐먹는 일까지 있는 등 많은 현상이 복합적으로 작용했을 것 등은 추가 설명이 필요하다. 그제서야 공룡은 그 주변 환경을 포함하여 우리에게 더욱 의미 있게 다가온다(EBS 다큐프라임 '한반도의 공룡' 2008년 방송).

마찬가지로 참여자들의 이야기를 그대로 논문에 옮겨 놓는 것만으로는 의미가 없다. 분석이 자료를 줄여서 이야기로 풀어내는 과정이라면 해석은 구체적인 경험을 넘어선 사회, 문화적 수준의 새로운 이해를 제시하는 것이다LeCompte & Schensul, 1999. 즉, 분석이 연구자가 '무엇을 알아냈는가'와 관련 높다면, 해석은 연구자가 '무엇을 이해했는가'와 관련이 높다Wolcott, 1994. 이를 위해 연구자 스스로 다음과 같은 질문을 던져볼 수 있다Seidman, 2009, p. 265.

- 연구 참여자들의 경험 사이에는 어떠한 연결고리가 있는가?
- 이러한 연결고리들을 어떻게 이해하고 설명할 것인가?
- 연구를 시작하기 전에는 몰랐던 것들을 이제는 어떻게 이해하고 있는가?
- 이전의 직감을 확인시켜 준 것은 무엇인가?
- 결과를 문헌과 비교했을 때 어떤 점이 일치하고 어떤 부분이 일치하지 않는가?

또한 연구자의 새로운 이해는 다양한 시사점을 제공한다.

- 이론적: 학문 분야에 어떻게 기여하는가? 기존의 지식에

어떤 것을 추가하는가?

- 실용적: 현실에서 구체적으로 어떻게 적용할 수 있는가? 프로그램에 어떻게 적용할 수 있는가?
- 도덕적: 정의로운 사회를 구현하기 위해 어떠한 시사점을 제시하는가?
- 방법론적: 연구 방법과 관련하여 새롭게 발견한 부분은 무엇인가? 다른 연구자들에게 도움이 되는 정보가 있다면 무엇인가?

RESEARCH

제2부

분석의 세부 과정

7 자료를 정리하고 이해하기

분석은 언제 시작하나?

앞서 이야기 했듯 질적 연구는 자료가 어느 정도 모이면 분석을 시작하게 된다. 간혹 연구자에 따라 자료 수집과 인터뷰가 모두 끝날 때까지 분석을 미루기도 하는데, 그 이유는 분석이 그 다음 자료 수집에 어떻게든 영향을 미치지 않기 위해서다Seidman, 2009. 그러나 자료 수집이 모두 끝날 때까지 기다렸다가 분석을 하려면 그 많은 자료 속에 압도당할 수 있다. 대부분의 질적 연구자는 자료 수집과 동시에 분석을 진행하는 것이 도움이 된다고 말한다. 아직 현장의 느낌이 생생할 때 분석을 시작하면 더 많은 기억을 되살릴 수 있다. 그리고 분석하다가 미진한 느낌이 들거나, 반대되는 의견은 없는지 확인하고 싶다면 다시 현장에 나가서 추가적으로 자료를 수집하면 된다. 근거이론방법에서 이론적 표집이 바로 그렇다. 이론을 정교화해가면서 보충 설명이나 아이디어가 요구되는 부분이 생기면 여기에 적절한 대답을 해 줄 참여자를 선택해서 추가 인터뷰를 진행한다.

분석 노트를 준비하라고 하는데, 여기에는 무엇을 적어야 하나?

현장에서 자료를 수집하다 보면 자연스럽게 머릿속에서 예비 단계의 분석이 시작된다. "혹시 이 부분이 연구의 중요한 테마는 아닐까?" 라든지 "이 부분은 고프만 Goffman의 낙인이론으로 설명되지 않을까?" 하면서 머릿속에 여러 아이디어가 떠오른다. 떠오르는 아이디어를 놓치지 않으려면 메모장을 늘 가지고 다닌다. 꼼꼼히 적어둔 연구자의 아이디어들은 때로 논문에 바로 포함시킬 수 있기 때문에 도움이 된다. 메모장은 다음과 같이 여러 개로 세분화 해서 사용할 수 있다.

- 현장 노트: 자료 수집과정에서 생각나는 모든 것을 기록하는 노트로 육하원칙에 따라 언제, 어디서, 누가, 무엇을,

어떻게, 왜 그랬는지 자세하게 적어둔다.

- 연구과정을 기록한 노트: 자료 수집과 분석과정에서 어떠한 판단을 내릴 경우 그 근거나 사고과정을 기록해 둔다. 이 자체가 분석의 엄격성을 보여주는 타당도 전략이기도 하다(뒤에 감사추적Audit trail에서 다시 설명함).
- 성찰 노트: 현장에서 연구자가 참여자와 겪은 에피소드와 같은 뒷이야기나 연구를 진행하면서 느낀 감정, 윤리적 갈등, 방법론적 이슈들을 기록한다.
- 분석 노트: 분석과 관련되어 거의 모든 것을 적을 수 있다. 생각이 잘 떠오르지 않는다면 스스로에게 다음과 같은 질문을 던져본다.
  - '추가적으로 필요한 자료는 어떤 것인가?'
  - '참여자들의 이야기와 행동은 무엇을 의미하는가?'
  - '사람들은 어떻게 상호작용 하는가?'
  - '다음 번 자료 수집할 때는 어떤 전략을 사용할까?'
  - '떠오르는 주제는 무엇인가?'
  - '새롭게 알게 된 사실은 무엇인가?'
  - '머리에 떠오르는 관련된 이론은 어떤 것인가?'
  - '잠정적인 연구의 결과는 무엇이라고 생각되는가?'
  - '논문을 어떻게 기술할까?'

현장에서 수집한 자료를 분석하려면 어떻게 해야 하나?

인터뷰를 하면서 참여자의 이야기를 전부 기억하거나 적을 수는 없기 때문에 보통 참여자의 동의 하에 녹음을 한다. 녹음 파일은 분석할 수 있도록 글로 옮겨 적어야 하는데 이를 전사한다고 말한다. 전사transcription란 글이나 그림 등을 옮기어 베낀다, 말소리를 음성 문자로 옮겨 적는다는 뜻이다.

현장에서 **관찰한 내용**은 분석을 위해 글로 기록한다. 기록할 때에는 시간대별로 있었던 일과 그 당시 연구자의 느낌을 분류해서 적어 놓는 게 좋다. 현장의 느낌을 전달하기 위해 주변 시설의 배치 등을 그림으로 그려 넣기도 한다.

참여자의 **물건**은 사진을 찍어 프린트 한 후 그 위에 직접 표시를 하며 분석을 할 수 있다. 또는 물건에 대한 사실과 느낌을 글로 적고 이를 프린트 하여 코딩과 분석을 할 수 있다.

인터뷰를 전사할 때 어느 정도 자세히 기록해야 하나?

전사를 하는 과정은 시간이 오래 걸린다. 그러다 보니 전사를 할 때 모든 것을 세세히 기록해야 하는지,

아니면 필요한 부분만 선택해서 전사해도 되는 지 고민될 수 있다. 일단 모든 부분을 전사하는 게 도움이 된다. 참여자 이야기의 흐름이나 분위기를 파악할 수 있고, 자료 수집 후 어느 정도 시간이 지났기 때문에 꼼꼼한 전사로 현장의 느낌을 다시 되살리면 분석에 도움이 된다.

반면 참여자와 라포를 형성하기 위해 개인적인 이야기를 나눈 부분이라든지, 참여자가 연구 주제를 완전히 벗어난 이야기를 했다거나 참여자가 적합한 단어가 생각나지 않아서 "음~, 그러니까~"와 같은 의성어를 과도하게 사용한 경우 해당 부분을 완전하게 전사하지 않아도 상관없을 것이다. 또한 연구자의 반복적인 질문은 간략히 줄여서 기록할 수 있다. 킹과 호록스 King & Horrocks, 2013는 연구 프로젝트를 시작할 때부터 어떤 내용을 전사할 지 신중하게 생각하라고 말한다.

> "일부 방법론에서, 예를 들면 조직적 사례 연구나 평가 연구에서… 많은 참여자에게서 공통적으로 드러나는 주제의 광범위한 패턴을 파악하고 싶을 것이다. 이러한 경우에는 모든 말을 그대로 기록할 필요가 없을 수도 있다. 테이프를 들으면서 주된 관심 분야들을 확인한 다음 그러한 부분만을 완전히 필사하고 나머지는 간단히 요약할 수도 있다. … 반대로 개별적인 경험의 심층적인 검토를 추구하는 접

근법들(예를 들어, 내러티브와 현상학적 접근)에서는 말 전체를 그대로 필사할 필요가 있으며, 기본 수준 이상으로 상세해야 할 수도 있다King & Horrocks, 2013, p. 208."

특히 경험의 주관적 의미를 살펴보는 연구나 사람들 사이에 오고 가는 대화를 세밀하게 살펴보는 연구일 경우에는 참여자의 언어뿐만 아니라 목소리의 높낮이나 강세, 속도 등의 준언어적paralanguage 지표, 그리고 몸짓이나 손짓, 얼굴 표정, 시선 처리와 같은 비언어적nonverbal 지표까지 전사하는 게 좋다. 예를 들어, '화난 톤', '씁쓸한 웃음', '입 꼬리를 살짝 찡그림', '연구자와 대화가 겹침', '긴 침묵' 등을 모두 기록해 둔다Roulston, 2014, p. 299. 만일 내용이 확실하게 들리지 않을 경우 연구자가 대충 추측해서 채우지 말고 '안 들림' 또는 '불분명함'이라 적어 둔다King & Horrocks, 2013, p. 213.

보통 참여자의 말투나 사투리는 그대로 전사하지만, 심한 사투리가 특정 지역을 희화시키거나 일반화시킬 우려가 있다면 이에 대한 고려가 필요하다. 사회정의를 추구하는 연구자라면 더욱 그러하다Roulston, 2014. 참여자가 논문에 인용된 자신의 이야기를 읽었을 때 수치심을 느낀다면 바람직하지 않을 것이다. 따라서 인터뷰 할 때 문법에 어긋난 표현을 썼거나 두서없이 이야기를 하였다면 연구자는 문맥을 해치지 않는 범위에서 교정을 하기도 한다Carlson, 2010.

인터뷰에서 참여자가 한 말을 모두 사실로 믿어야 하나?

인터뷰는 대부분의 질적 연구에서 빠지지 않고 사용되는 중요한 자료 수집 방법의 하나다. 참여자의 관점에서 연구 현상을 바라볼 수 있는 창이 되어주기 때문이다. 하지만 인터뷰 참여자들은 때로 자신을 좋게 보이기 위해서 의식적이거나 무의식적으로 실제 행동을 부풀려 포장할 수 있다. 또는 연구자와의 관계를 의식해서 이야기의 초점을 연구자가 듣고자 하는 부분에 맞출 수도 있다. 그럴 경우 인터뷰 자료의 진실성이 문제가 된다.

따라서 연구자는 최대한 다양한 자료원으로부터 자료를 수집해서 현상을 여러 각도로 보아야 한다(삼각검증은 타당도 부분에서 다시 설명함). 그리고 자료를 수집할 때의 맥락이나 참여자 배경에 대한 기본적 정보가 분석에 함께 고려되어야 한다. 무엇보다도 인터뷰가 이를 통해 참여자를 그대로 보여주는 창이라고 믿는 건 연구자로서 순진한 태도다. 로울스톤Roulston, 2014은 연구자가 투명한 창을 통해 참여자를 들여다보는 것이 아니라 오히려 "뿌옇게 흐려 있고, 얇은 베일이 드리워져 있으며, 더러

워진 창문을 통해Roulston, 2014, p. 297" 그들을 보려고 노력한다는 표현이 더 적절하다고 말한다.

8 자료 줄이기 : 코딩과 범주화

인터뷰 전사를 마치면 바로 코딩을 시작하는가?

코딩을 바로 시작하기 전에 먼저 자료 전체에 대한 이해가 필요하다. 인터뷰 전사와 현장 노트를 여러 번 읽거나 녹음 파일을 반복해서 들으면서 자료를 전반적으로 파악한다. 이때 연구자가 하는 작업은 마치 사건 현장에 막 도착해서 상황을 파악 중인 기자의 역할과 비슷하다. "현장에서 어떤 일이 일어나고 있는가?"에 집중하며 "누가, 무엇을, 언제, 어디서"와 같이 구체적인 내용을 살펴본다(사건이 "왜 일어났는지", "어떻게 일어났는지"와 같은 심층적 원인에 대한 이해는 이후 서서히 파악해 간다)Tracy, 2013, p. 189.

자료를 여러 번 읽으면서 전체적인 내용을 파악했다면 이제

본격적으로 코딩을 한다. 그러려면 인터뷰 전사 자료를 종이에 프린트해서 보는 것이 좋다. 컴퓨터 모니터를 보면서 작업을 하면 분석적인 사고가 더 활성화 되고 책이나 종이에 인쇄된 자료를 보면 창의적인 사고가 더 활성화 된다고 한다. 따라서 아직 자료를 다양한 방식으로 새롭게 볼 필요가 있는 분석의 초기단계에는 직접 종이에 인터뷰 전사를 프린트 하고 여러 색의 펜과 연필 등을 사용하여 코딩하는 것을 추천한다. 종이에 프린트할 때는 한 쪽에 여백을 넉넉히 둔다. 종이 양 쪽에 여백을 두는 경우도 있다. 연구자가 자신에게 좋은 방법을 선택하면 된다.

이후 코드를 위계적으로 정리하거나 패턴을 찾고 범주화 하는 과정에서는 컴퓨터를 활용하는 것이 편리하다. 질적 분석을 도와주는 컴퓨터 소프트웨어CAQDAS를 사용하여도 좋지만, 인터뷰 대상이 많지 않은 단독 연구라면 워드나 엑셀을 활용해도 충분하다.

코딩이란 무엇이며 반드시 해야 하는가?

코딩coding이란 용어 자체는 컴퓨터 프로그래밍 등 다양한 분야에서 쓰인다. 질적 분석에서 코딩이라고 하면 적절한 분량의 자료를 선택하여(이를 '부분'이라는 뜻의 세그먼트segment라 한다) 여기에 코드code를 부여하는 것을 의미한다. 코드란 선택한 자료의 의미를 요약적으로 표현할 만한 상징적인 짧은 단어나 문구다. 이름표나 라벨을 붙이는 것과 같다. 하지만 코딩은 자료를 단지 요약하는 것이 아니라 그 의미를 좀 더 농축해서 잘 드러나게 하는 작업이다.

코딩을 하는 이유는 여러 가지다. 우선은 참여자들이 연구 현상을 어떻게 이해하고 있는지를 그들의 입장에서 자세히 살펴보려는 의도에서다. 그러기 위해서 연구자는 코딩을 하면서 단지 표면적인 내용만 요약하지 말고 '참여자가 이 이야기를 통해서 하고자 하는 말은 무엇일까?', '이 이야기는 연구 질문과 어떻게 관련되는가?'를 고민해야 한다. 그리고 그러한 의미를 담은 코드를 부여한다.

코딩을 하는 또 다른 이유는 자료를 줄여가며 중요한 내용 위주로 남기기 위해서다. 연구 현장에서 수집한 전체 자료는 양도 많거니와 중요한 것과 그렇지 않은 것이 섞여있다. 이 중에서 연구 문제에 핵심적인 통찰을 줄 수 있는 자료를 선별해 가야 한다. 이 과정에 코딩이 도움이 된다.

코딩을 하면 자료를 구조화된 방식으로 검토할 수 있다는 것도 중요한 이유다Gibbs, 2007. 코딩한 자료를 컴퓨터 파일로 저장한 후 다양한 작업을 해 볼 수 있다. 예를 들어 특정 코드로 묶인 텍스트끼리 불러 모아 이들의 유사성이나 차이점을 비교해 볼 수 있다. 또는 코드들을 위계 관계에 따라 재배치 하거나 다양한 방식으로 서로 비교해 볼 수 있다. 그러면서 반복되는 패턴을 찾고 이러한 패턴들을 조합하고 재구성 하면서 연구 문제와 관련된 테마를 도출해간다.

다시 말해, 코딩을 하는 목적은 자료에 묻혀있는 코드들을 "정확하게" 캐내는 것이 아니라 연구자의 기술과 관점을 통해 **자료를 재구성해서 다양한 분석으로 발전하도록 돕는 것**이다Braun & Clarke, 2016, p. 86.

물론 코딩을 하는 것은 연구자의 선택이며 모든 질적 분석에서 코딩을 하는 것은 아니다. 내러티브 연구와 같이 자료를 나누지 않고 전체로 다루면서 이야기의 구조를 파악하는 것이 중요할 수도 있다. 또는 코딩을 하는 대신에 자료를 읽으면서 떠오른 생각을 글로 쓰고 또 여러 번 고쳐 쓰는 과정을 통해 새로운 통찰을 발견할 수도 있다. 글을 쓰는 과정에서 연구자의 이해가 분명해져 가기 때문이다. 픽션 형식의 창의적 글쓰기를 이용한 분석도 가능하다Kang, 2010.

코딩을 하지 않고 다양한 창의적 시도를 하는 배경에는 연구자의 성향이나 선호도가 영향을 미친다. 일부 학자들은 코딩 자체 보다는 코딩을 하는 방식에 대해 비판을 하기도 한다. 이들은 연구 현상을 보는 이론적 관점이나 방법론에 대한 철학적인 이해 없이 기계적으로 코딩을 하고 얄팍하게 테마를 도출한 후 마무리 짓는 질적 분석에 대해 회의적인 견해와 우려를 드러낸다St. Pierre & Jackson, 2014. 이는 충분히 타당한 지적이다. 질적 연구를 하고자 결정했다면 적어도 다양한 철학과 이론, 방법론, 코딩의 장단점에 대한 기본적 이해가 필요하다.

코딩하는 방법은 정해져 있는가?

코딩하는 방법이 정해져 있지는 않지만 우선 연구자는 자료로부터 귀납적으로 코드를 형성해갈 지, 기존의 이론이나 개념을 바탕으로 연역적으로 코딩을 할 지를 결정해야 한다Watts, 2014, p. 5. 자료로부터 귀납적으로 코드를 형성하는 대표적인 예는 오픈 코딩open coding이다. 말 그대로 연구자가 자료를 읽으면서 모든 해석적 가능성에 열린 자세를 취하는 것이다. 귀납적인 방식을 선택하는 경우는 대부분 현상에 대한 새로운 통찰을 얻으려는 목적에서다.

반면 기존의 이론이나 개념에서 미리 코드 목록을 만든 후 자료에 코딩을 하는 탑 다운top-down 방식이 있다. 대표적인 예로 템플릿 분석template analysis이나 매트릭스 분석matrix analysis이 있다. 템플릿 분석은 초기 인터뷰가 어느 정도 되었을 때(예를 들어 20회의 인터뷰 중 6회) 이를 바탕으로 초기 템플릿(코드표)을 구성한 다음 이후의 수집하는 자료에 이 템플릿을 적용하여 코딩을 하는 것이다. 물론 나중에 수집한 "흥미로운 자료가 초기 템플릿의 주제와 잘 맞지 않는 경우 주제를 추가하거나 기존 주제를 재정립하여 템플릿을 수정한다King & Horrocks, 2013, p. 238." 반면 매트릭스 분석은 "주요 평가 기준이 미리 정해져 있는 대규모 질적 평가 연구King & Horrocks, 2013, p. 246" 등에 보다 적합하며 일단 정해진 매트릭스 표제들은 분석과정에서 거의 수정되지 않는 특징이 있다.

템플릿 분석을 하지 않더라도 중간 입장을 취할 수 있다. 실제로 연구자가 문헌이나 전공 서적을 많이 읽다 보면 주제와 관련해서 중요하게 여겨지는 개념들이 머리 속에 들어온다. 이를 바탕으로 어느 정도 코드 목록을 만들어 놓고 연구를 시작하는 경우가 있다. 이를 이론적 코드 또는 연역적 코드(아프리오리a priori 코드)라고 한다Bazeley, 2013, p. 170. 단, 이론적 코드를 가지고 시작했더라도 현장에서 수집한 자료를 분석하는 과정에서 기존 코드를 끊임없이 수정하고 확장해 나가야 한다.

코드북은 어떻게 만드나?

코드북을 만들면 분석과정에서 코드가 어떻게 변화해 갔는가를 기록할 수 있다. 코드북을 만드는 과정은 위에서 설명한 것처럼 크게 두 가지가 있다. 선행 연구나 이론을 기반으로 미리 주요 코드 리스트를 만들 수도 있고, 수집된 자료를 바탕으로 귀납적으로 코드북을 만들 수도 있다.

어떤 경우든 코드북은 자료 분석과정에서 지속적인 수정을 거치게 된다. 코드북은 다음의 예와 같이 표로 만들면 편리하다.

코드명	코드 설명	예시
코드 이름	이러한 경우에 이 코드를 붙인다… (예외 상황) 이런 경우에는 붙이지 않는다.	"자료 속에서 이 코드를 붙이기 적절한 부분을 인용"
⋮		

코드북은 특히 장기간에 걸친 프로젝트를 할 때나 팀과 함께 연구를 진행할 때 도움이 된다. 여러 명이 함께 자료 분석을 할 경우 코더 간 신뢰도를 구할 수도 있다. 코더 간 신뢰도는 코헨의 카파값Cohen's Kappa값으로 계산하며 .80이 넘으면 높은 일치도를 보인다고 할 수 있다. 그러나 질적 연구에서는 코더 간 일치도가 높다고 무조건 좋은 연구는 아니다. 오히려 연구자의 주관적이고 창의적인 해석을 가로막을 수 있기 때문에 무조건 일치도를 높이는 것이 분석의 타당도를 보장하지는 않는다.

1차 코딩, 2차 코딩 등은 무엇을 의미하는가?

코딩은 여러 번 반복되는 순환의 과정이다Tracy, 2013. 첫 단계에서 하는 코딩은 1단계 코딩1st level coding, 1차 주기(순환) 코딩1st cycle coding, 초기 순환 코딩primary-cycle coding

이라 불리기도 하는데 주로 탐색적 성격을 지닌다. 자료 분석의 시작 단계에 해당하며 자료를 나누고 코드를 붙이고 비슷한 것끼리 묶는 과정이 주를 이룬다. 그 과정이 어느 정도 마무리되면 2단계 코딩으로 넘어가는데 1단계 코딩을 하면서 나뉘어진 자료를 재구성하게 된다. 패턴을 찾고 범주화 하고 테마를 도출하며 이 테마들을 핵심 현상이나 핵심 테마를 축으로 연결시킨다. 즉, 2단계 코딩은 초기 코딩을 하면서 맥락에서 멀어진 자료를 다시 맥락과 연결시키는 것과 같다.

우선 1단계 코딩을 살펴보자. 이 단계 코딩의 몇 가지 예는 다음과 같다Saldaña, 2013. 필요하다면 여러 개의 코딩 방법을 혼합해 사용함으로써 자료를 보다 다양한 관점에서 볼 수도 있다.

- 기술 코딩descriptive coding: 1인칭 관점에서 '**참여자들이 무엇에 대해 이야기 하고 있는지**(What에 대한 것)'를 간략하게 정리하는 것인데, 명사형 코드를 붙이는 것이 일반적이다(예. "운동", "회사 생활" 등). 기술 코딩은 주로 현장 노트나 문서, 인터뷰 전사 등의 내용을 전반적으로 이해하기 위해서 요약하는 데에 적합하다. 그러나 기술 코딩만으로는 참여자들이 왜, 어떠한 방식으로 그러한 행동을 하는지를 알아내기 어렵다.
- 인 비보 코딩in vivo coding: in vivo는 라틴어로 "생체 내에서

진행되는," "살아 움직이는"을 의미하며 참여자의 말 중에서 연구 주제를 잘 포착한다고 보여지는 단어나 문구를 그대로 코드로 사용하는 것이다(예. "어림없는 소리").

- 과정 코딩process coding 또는 action coding: 참여자가 하고 있는 일이나 연구 현장에서 일어나는 일을 동명사 형태의 진행형-ing 코드로 나타낸다(예. '관계를 유지하는', '조직의 정치적 상황에서 자신을 보호하는' 등). 사람들의 행동이나 반응, 상호작용의 형태를 알아볼 때 적합하며 연구자가 알고 싶은 현상의 전개과정이나 참여자 행동들 간의 연관성을 찾는 데 유용하다.
- 대비 코딩versus coding: 두 가지의 대비되는 내용을 찾아 코딩한다. "규율" vs. "자율"과 같이 참여자 간 갈등이 두드러지게 드러나거나 은연 중에 갈등상황이 숨어있을 때 사용하면 유용하다.
- 드라마 코딩dramaturgical coding: 삶이란 사람들이 상호작용하는 일종의 공연이라고 보고, 드라마의 캐릭터를 분석하는 것처럼 개개인을 분석한다Saldaña, 2013, p. 123. 사람들의 행동 밑에 있는 동기나 목적OBJ: objectives, 갈등이나 목적 달성을 가로 막는 것CON: conflicts, obstacles, 목적달성을 위한 전략TAC: tactics, strategies, 상황 속에서 개인이 취하는 태도ATT: attitudes, 사람들이 경험하는 감정EMO: emotions, 말로 하지 않은 생각

이나 몸짓, 목소리 톤으로 추정할 수 있는 하위 텍스트SUB: subtexts를 분석한다.

▌코딩의 예

참여자 A:	가장 어려웠거나 힘들었던 경험은 온라인 수업을 하면서 오프라인 수업 때보다 과제가 더 많아졌다는 것입니다. 시험을 과제로 대체하는 과목이 많아서 오프라인 강의 때는 과제가 없던 과목인데도 과제가 많아져서 힘들었습니다.	과제량 증가 시험이 과제로 대체
	어떤 과목은 수업을 안 들어도 과제를 작성할 수 있게끔 과제가 출제되어서 오프라인으로 수업 내용에 대한 시험을 볼 때보다 공정성에 어긋나는 것 같기도 했습니다.	시험에 대한 공정성 문제
	그리고 수업도 온라인으로 하고 리포트 과제 작성할 일도 많아지니까 컴퓨터 모니터를 거의 하루 종일 쳐다보고 있을 때도 많았습니다. 그래서 개인적으로 눈이 너무 피곤하고 오프라인 강의를 들을 때보다 육체적으로 더 피곤하게 느껴져서 그 점이 힘들었습니다.	장시간 컴퓨터 사용(수업+과제) 눈의 피로/육체적 피로감

얼마나 꼼꼼히 코딩을 해야 하는가?

코딩 단위를 어떻게 할지는 연구자가 선택하기 나름이다. 단어나 문장을 선택하여 코딩을 할 수도 있고, 한 문단을 선택해서 하나의 코드를 부여할 수도 있다. 또는 어떠한 행동의 변화 지점으로 나눌 수도 있다. 단, 이 부분만 따로 읽어도(즉, 어느 정도 맥락에서 벗어나도) 내용이 이해될 수 있는 범위를 선택하여 코드를 붙이는 것이 바람직하다.

범위를 넓게 지정해서 덩어리 채 코딩을 하는 경우는 신속하게 코딩을 마칠 수 있지만 나중에 세부적인 코딩을 다시 해야 할 수도 있다. 반면 작게 세분화해서 코딩을 하면 자료의 의미나 미묘한 어감이 더 잘 드러날 수 있지만 생성되는 코드가 너무 많아서 연구자를 압도할 수도 있고, 오히려 전체적인 그림을 놓칠 수 있다Bazeley, 2013, p. 143.

물론, 근거이론의 경우 줄코딩line-by-line coding이라고 해서 매 줄에 코딩을 꼼꼼히 하기도 한다(한 문장이 완전히 끝나지 않았을지라도). 줄코딩의 목적은 연구자가 생각이나 편견을 가지고 자료를 보는 위험을 줄이고 분석적인 사고를 하게 해서 자료에 최대한 근접하도록 만드는 것이다. 연구자는 줄코딩을 함으로써 친숙한 것을 낯설게 볼 수 있다. 또한 참여자의 세계관에 흡수되어 그들의 세계관을 의심 없이 받아들이는 것을 막아 줄 수 있어서 자료를 좀 더 비판적으로 볼 수 있게 된다Charmaz, 2013.

정리하면, 코딩 단위는 줄코딩에서 더 넓은 범위까지 존재하며 연구자의 연구 목적에 따라 유연하게 변경할 수 있다.

좋은 코드는 어떤 것인가?

참여자의 말을 요약하는 기술적 코딩을

하면서 자료에 대한 이해가 깊어지면 점차 분석적/해석적 코드가 추가된다. 참여자의 주관적 경험에 대한 연구자의 해석이 포함되는 것이다. 인터뷰 중에 동일한 단어를 사용했더라도 참여자에 따라 서로 다른 것을 의미할 수 있다. **'참여자들은 자신들의 경험을 어떻게 이해하고 있는지, 참여자가 그 이야기를 통해서 하고자 하는 말은 무엇일지'**에 대해 생각하며 코딩을 해간다. 이 과정이 반복되면서 코드는 수정되고 점차 추상적인 개념으로 바뀌어간다. 참여자들의 말과 행동을 그들 관점에서 보는 것은 에믹(emic)한 분석, 연구자의 학문 분야 지식이나 이론과 문헌 등 외부의 관점에서 보는 것을 에틱(etic)한 분석이라고 한다. 자료의 이해는 에믹과 에틱 사이를 오가며, 즉 가깝게 봤다가 거리를 두고 봤다가 하면서, 이해가 확장되는 해석학적 순환의 과정이라고 볼 수 있다.

코딩은 연구자의 해석이 개입된 활동으로 정답이 있을 수 없다. 또한 처음부터 완벽한 코드는 나오기 힘들며 여러 번의 순환을 거쳐 수정되어 간다. 너무 표면적인 내용만을 코딩한다면 깊은 분석이 이뤄지기 어려우며 이로 인해 부실한 연구 결과로 이어지게 된다. 잘 붙여진 코드는 단지 자료를 요약해 놓은 것이 아니라 자료의 의미를 농축해서 창의적인 언어로 표현한 것이다. 즉, 자료에 대한 연구자의 해석을 담고 있어야 한다.

브라운과 클락Braun & Clarke, 2016, p.90이 제안한 것과 같이 코드만 따로 읽어보았을 때 자료에서 포착하고자 하는 의미를 떠올릴 수 있는 지 검토해 보는 것도 도움이 된다'remove the data' coding test. 만일 '즐거움', '어려움' 등 너무 단순하고 짧은 단어로만 코드를 붙인 경우라면 코드만 모아서는 전혀 맥락을 이해하기 어려울 것이다. 이렇게 되면 환원주의적인 분석이 될 수 있다. 즉, 맥락에 대한 이해 없이 세부 내용의 총합으로써 전체를 설명하려는 것은 좋은 질적 연구라고 할 수 없다.

코딩을 한 후 나온 코드들을 위계적으로 재구성해보는 것도 좋다Gibbs, 2007, pp. 75-76. 그럴 경우 다음과 같은 장점이 있다.

- 많은 코드를 보기 쉽게 정리할 수 있다.
- 위계적으로 묶는 과정에서 분석이 일어나서 참여자의 관점을 이해하는 데 도움이 된다.
- 중복되는 코드를 쉽게 알아차릴 수 있어서 코드 중복을 방지할 수 있다.
- 코드의 여러 속성과 차원을 생각해볼 수 있다(예를 들어 색color에는 색상, 명도, 채도의 속성이 있고, 각각의 속성은 밝고 어두운 정도(명도의 경우)와 같이 다양한 차원을 가지고 있는 것과 같이 자료를 속성과 차원으로 구분해서 살펴볼 수 있다).
- 자료 간 다양한 비교를 해 볼 수 있다.

범주화는 어떻게 하는가?

코딩을 하다 보면 비슷한 코드가 나오게 된다. 왜냐하면 인간의 행동에는 어떠한 반복적인 패턴이 있기 때문이다. 따라서 비슷한 코드가 나오는 것은 자연스러운 일이며 연구자가 바라는 것이기도 하다. 초기 코딩으로 코드들이 어느 정도 늘어나면 이 코드들을 재분류하면서 자료를 범주화한다. 범주화란 공통점이 있는 개념을 함께 묶어서 그룹화하는 것이다. 범주화는 "창조 활동"Bruner et al., 1956, p. 2; Freeman, 2017, p. 17에서 재인용이라고 할 수 있는데 개념과 범주 사이에 미리 고정된 법칙이 있는 것이 아니라 연구자가 중요하게 생각하는 이론, 연구 목적, 가정 등에 따라 다양하게 범주화할 수 있기 때문이다.

▌빨래를 범주화하는 다양한 방법

범주화를 할 때에 엑셀이나 워드를 활용하면 편리하다. 잘라 붙이기 기능을 활용하여 코드를 이리저리 묶어보면서 범주를

수정해간다. 이때 작업한 파일을 여러 버전으로 컴퓨터에 저장해 두면 분석과정에서의 사고의 흐름과 범주 선택의 기준을 기록으로 남길 수 있다. 논문에 기술할 때에도 도움이 된다. 때로 생각이 잘 정리되지 않으면 수작업으로 범주화를 해볼 수 있다. 작은 카드에 코드를 하나씩 적어 넣고 카드를 이리저리 이동해본다.

범주화 과정에서 주의할 점이 많다. 우선 너무 일찍 범주를 고정하지 않아야 한다. 연구자의 생각이 바뀌거나 자료를 심층적으로 이해하는 과정에서 코드는 계속 변해갈 수 있는데 코드가 수정되면 범주도 새로 구성할 필요가 생긴다. 따라서 모든 범주는 확신이 들기 전까지 잠정적인 상태로 둔다.

범주화를 할 때 하나의 범주에 속한 코드는 다른 범주에 속하지 않아야 한다. 물론 처음에는 하나의 코드가 여러 범주에 들어갈 수 있지만, 분석이 진전되면서 점차 하나의 범주에 속하게 된다. 코드에 따라 어떠한 범주에 넣어야 할지 판단이 잘 서지 않을 수 있는데, 이를 방지하려면 해당 범주를 형성하는 개념을 명확히 해야 한다. 코드북 만드는 것과 동일하게 범주명을 적고 범주에 대한 설명을 기록해 두면 좋다. 또한 그러한 판단을 하게 된 이유를 분석 노트에 기록해 두면 나중에 연구자의 생각이 어떻게 변화되어 갔는지를 확인할 수 있다(감사 추적 audit trail: 타당도 부분에서 다시 설명).

연구자가 미리 머릿속에 특정 범주를 생각하고 있다가 여기에 코드를 끼워 맞춰서는 안 된다. 만일 연역적인 방법으로 선행 연구에서 여러 번 언급된 개념을 범주로 적용할 경우에는 이러한 범주 선택기준을 명확히 밝힌다Saldaña, & Omasta, 2018.

마지막으로 범주 명은 코드에 비해 더 일반적이고 추상적이어야 한다. '긍정적인 이미지 관리', '타인 배려', '감정 조절'과 같은 코드들은 맥락에 따라 '성공적인 직장생활' 혹은 '인상관리 전략'이라는 보다 일반적이고 추상적인 범주 아래에 묶일 수 있다.

범주화는 분석에서 어떤 도움이 되는가?

현장에서 수집한 모든 자료가 연구 문제와 관련된 것은 아니다. 연구자는 코딩과 범주화 과정에서 복잡한 자료를 줄여나갈 수 있다. 또한 범주화하면서 자료가 서로 비교하기 쉬운 형태로 만들어진다. 그러면 이것을 이리저리 조합해서 패턴이나 주제를 발견할 수 있다. 범주를 구성해가는 것은 기계적인 절차가 아니다. 지적 도전이 요구되는 창의적인 과정이기 때문에 질적 연구의 매력이 될 수 있다.

단점으로는, 범주란 필요에 의해 유사한 것끼리 인위적으로 묶어 놓았을 뿐 고정된 것이 아님에도 불구하고 일단 범주화를 해 놓으면 마치 늘 이러한 개념이 존재했던 것처럼 고정된 개념으로 인식될 수 있다는 점이다. 예를 들어, 필요에 의해 만들어 졌지만 일단 '인종'이라는 범주가 생기면 백인, 흑인, 아시안 등이 늘 별개로 존재해 온 것처럼 여겨지고, 이로 인한 각종 문제가 발생하는 것과 같다Freeman, 2017.

간혹 범주에 잘 묶이지 않는 동떨어진 코드가 생기는데 어떻게 하면 좋은가?

얼핏 범주화가 잘 되지 않는 내용은 양적 연구로 보면 평균을 왜곡하는 소수 자료인 아웃라이어outlier와 비슷하다. 하지만 질적 연구에서는 이렇게 예상치 못했거나, 놀랍거나, 혼란스런 내용이야말로 자료를 새로운 시각에서 볼 대안을 제공할 수도 있기 때문에Sipe & Ghiso, 2004 시간을 들여 깊이 살펴볼 필요가 있다.

사이프와 히소Sipe & Ghiso, 2004는 유치원 아이들을 대상으로 한 연구에서 이와 관련된 자신들의 경험을 공유하였다. 아이들에게 동화책을 읽어 주다 보면 종종 아이들이 갑자기 책 내용과는 전혀 상관없는 행동을 하는 것이었다. 예를 들어 말꼬리를 잡고 다른 이야기로 넘어가거나, 일어나서 발레를 추거나, 자신이 헬리콥터가 되었다면서 팔을 펼치고 교실을 돌아다니는 것이다. 처음에는 이런 부분을 모두 "주제 이외의 행동off-task"이라고 코딩을 하였지만, 연구자들은 뭔가 부족함을 느끼고 있었다. 그러던 중 우연히 책에서 카니발에 대한 내용을 읽게 되었는데 여기서 아이들의 행동에 대한 통찰을 얻게 되었다. 즉, 아이들은 동화책 내용 중에 어떠한 구실을 찾으면 그것을 빌미로 자신을 발산한다는 것을 알게 된 것이다. 이후 연구자들은 "주제 이외의 행동"이라는 코드를 "행동으로 드러내는performative"으로 바꾸었다. 처음에는 이러한 행동들이 범주에 잘 묶이지 않기 때문에 연구와 관련 없다고 판단했지만, 새로운 통찰을 통해 동화책을 읽어줄 때 아이들이 단지 이야기를 듣는 것뿐만 아니라 자신을 표현하는 계기가 된다는 흥미로운 정보를 알게 되었다.

9 패턴 탐색과 테마 도출

코딩을 마치면 무엇을 해야 하는가?

초보 질적 연구자들이 자주 실수하는 것 중 하나는 범주화를 여러 번 반복하면서 상위 범주 몇 개로 좁혀지면 분석을 멈추는 것이다. 그리고 '테마가 도출되었다'고 말하며 각 테마를 인용문과 함께 설명하고 연구를 끝마친다. 하지만 이것은 자료를 상위 범주로 크게 묶어놓은 것일 뿐이다. 그러면 "이게 연구 결과라고? 너무 당연한 얘기잖아?"라는 반응이 나올 지도 모른다. 코딩과 범주화를 하면서 자료를 정리하고 전체적으로 이해했다면 이제는 분석을 한층 심화할 단계다. 특히 자료에서 드러나는 패턴이나 중요한 테마를 적극적으로 살펴보아야 한다. 테마는 구성되는 것이지 범주화 끝에

남는 것이 아니다.

패턴을 살펴보려면 다음과 같은 경우를 찾아가며 집중해본다Bernard & Ryan, 2010; Gibbs, 2007; LeCompte, 2004; Saldaña & Omasta, 2018.

자주 반복되는 것	• 자주 반복되는 행동이나 반응은 무엇인가? • 이러한 반복은 어떤 상황에서 일어나는가?
예상 외로 없는 것	• 자료에서 나올 것이라고 예상했지만 나오지 않은 내용은 무엇인가? • 참여자들이 침묵하고 있는 것은 아닌가? (예를 들어 조직의 정책이나 정치적으로 민감한 사안에 대한 비판을 꺼림)
예상해 볼 수 있는 것	• 선행 연구나 경험 또는 연구자의 직감으로 추측해 볼 수 있는 것은 무엇인가? • 연구에서 보고자 하는 이론과 관련된 부분은 무엇인가? (단, 자료를 새로운 시각으로 보는 것을 방해할 수 있으므로 주의가 필요함)
예상 치 못한 것	• 사람들이 하는 일상적이지 않은 행동은 무엇인가? • 이것은 무엇을 보여주는가?
현지인들이 쓰는 그들만의 언어	• 현지인들 사이에서만 이해되는 용어나 개념은 무엇인가? • 그것은 무엇을 의미하는가?
비유적 표현	• 참여자들이 사용한 비유적, 유추적 표현은 무엇인가? • 그 표현은 무엇을 드러내는가?
전환이 일어나는 부분	• 목소리 톤이 바뀌거나 대화가 멈추는 부분이 있는가? • 대화의 토픽이 바뀌는 부분은 어디인가?
유사점과 차이점	• 다양한 비교를 통해 드러나는 것은 무엇인가?

단, 연구를 하다 보면 두드러지게 드러나는 패턴만이 중요한 것은 아니다. 참여자들은 이미 익숙해져서 당연하게 느끼는 일상적이고 사소해 보이는 행동 패턴도 연구에 통찰을 제공할 수 있다. 또한, 일상적인 이들의 행동에 작은 균열이 생겼을 때 어떻게 행동하는 지를 보는 것도 참여자들의 문화를 이해하는 데에 도움이 된다. 예를 들어, 늘 성실하던 직원이 상사의 요구에 다소 퉁명스럽게 반응하는 행동과 같이 예상된 패턴에 균열이나 갈등이 생길 때 사람들이 반응하는 모습을 살펴보면 사회현상에 대한 새로운 통찰을 가져올 수 있다.

패턴을 발견할 때는 연구자의 추측과 이론적 지식이 모두 요구된다LeCompte, 2000. 창의적으로 다양한 가능성을 고려해 보면서 또 한편으로는 여러 문헌자료를 읽는 것이 도움이 된다. 그리고 자료를 표면적으로 이해하는 것을 넘어서 심층적으로 이해할 필요가 있다. 패턴을 찾으면서 부족한 부분이 발견된다면 근거이론에서 사용하는 이론적 표집과 같이 그 부분에 답을 줄 수 있는 참여자를 찾아 추가 인터뷰나 관찰을 하는 것도 고려할 수 있다.

특히, 앞의 표에서 마지막에 기술된 유사점과 차이점을 찾아보는 것은 **지속적 비교 방법**constant comparative method이라고 할 수 있다. 지속적 비교 방법은 근거이론에서 자료를 분석하는 방법으로 처음 알려졌지만, 일반적인 질적 분석방법으로도 자주 사용된다. 자료에서 다음과 같은 비교가 가능하다Boeije, 2002; Charmaz, 2013.

한 명의 인터뷰 안에서 비교	• 같은 코드가 부여된 부분 간 공통점은 무엇인가? • 서로 다른 코드 간 차이점은 무엇인가? • 서로 다른 부분이 어떻게 연결되어 있나? • 인터뷰는 일관적인가? 앞 부분과 뒷 부분에서 동일한 주제를 어떻게 이야기하고 있는가? • 1차 인터뷰와 2차 인터뷰 내용 간 유사점과 차이점은 무엇인가?(동일한 참여자와 여러 번의 인터뷰를 했을 경우) • 서로 모순되는 부분은 무엇인가?
같은 경험을 공유한 참여자들의 인터뷰 간 비교 (within-group comparison)	• A는 B와 같은 의견을 말하고 있나? • 인터뷰 간 차이점과 공통점은 무엇인가? • 어떤 기준으로 비교를 하고 있는가?
다른 관점을 가진 참여자 그룹 간 비교 (cross-group comparison)	• 두 그룹은 특정 주제에 대해 어떻게 이야기 하는가? • 한 쪽 그룹에만 나타나는 주제는 무엇인가? • 왜 서로 비슷하거나 차이가 나는가?
커플로 묶인 인터뷰 간 비교	• 양쪽 관점 간에 관계는 무엇인가? • 이 둘 사이에 모순이나 합의점이 있는가? • 중심 이슈는 무엇이고 이들은 그것을 어떻게 해결하는가?
관찰 자료 비교	• 상이한 시점이나 장소에서 관찰한 자료 간의 유사점과 차이점은 무엇인가? • 관찰 자료와 인터뷰 자료 간의 유사점과 차이점은 무엇인가?

이처럼 하나의 인터뷰 사례 안의 내용을 서로 비교하고, 또 다른 인터뷰 사례와의 비교를 지속하며, 사례 내, 사례 간 비교, 자료와 해석 간 비교를 계속해간다. 그러면서 모든 인터뷰 자료 속에서 드러나는 공통적인 패턴을 찾아간다. 이때 비교를 수월하게 하기 위해서 참여자 프로파일과 연구 결과를 표로 만들어 두면 편리하다.

테마는 어떻게 도출하나?

앞서 살펴본 패턴이나 범주들은 모두 최종 테마의 후보가 될 수 있다. 또는 연구자가 새롭게 테마를 구성하기도 한다. 처음에는 여러 개의 테마 후보가 있을 수 있다. 이 중에서 중요한 테마가 무엇인지 선별해 가는데, 이 과정에서 확인할 몇 가지는 아래와 같다Braun & Clarke, 2016.

- 해당 테마가 연구 질문에 충분한 답을 제공하는가?
- 여러 자료에서 해당 테마가 명확히 드러나는가? (여러 번 언급된 개념이라서가 아니라 단지 한 두명의 참여자가 한 이야기라도 연구 질문에 중요한 답을 제시한다면 테마로서 적절하다)

- 해당 테마는 중심 개념을 잘 반영하는가? (중심 개념이란 연구 질문에 답이 되는 가장 핵심적 내용을 의미한다. 모든 테마들은 중심 개념을 반영해야 한다)
- 각 테마들은 중첩되지 않고 서로 구별되는가?
- 각 테마들은 중심 개념을 공유하며 전체가 일관성 있게 연결되는가? (내적 일관성을 유지하는 것이 중요하다)
- 하위 테마는 상위 테마의 개념을 공유하고 있는가?

이때 개념도concept map나 테마 지도thematic map를 만들면서 테마를 논리적 흐름에 맞게 배치해 보면 어떻게 테마들이 상호 연결되어 현상에 대한 전체적인 이야기를 만들어 가는 지 아는 데 도움이 된다Braun & Clarke, 2016; Creswell, 2017. 결과를 요약할 때는 표나 그림과 같은 시각적 배치가 효과적이다. 반드시 논문에 넣지는 않더라도 표나 그림을 만드는 과정에서 연구자의 사고를 체계적으로 정리할 수 있다.

▌테마 지도의 예

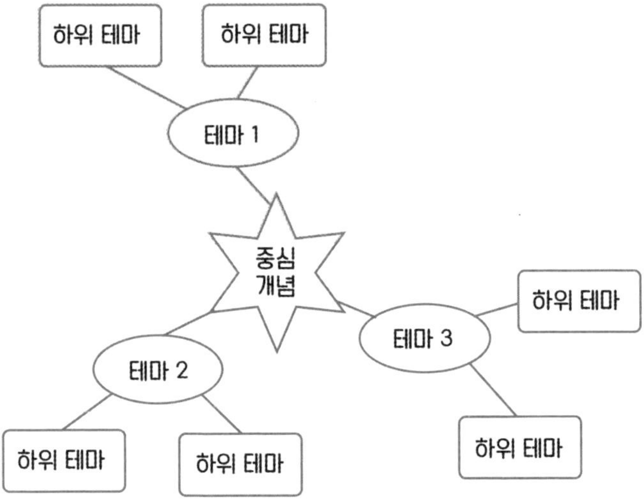

테마를 도출하는 과정에서 주의할 점은 무엇인가?

테마는 연구 문제에 대해 참여자들이 전체적으로 어떻게 생각하는 지를 알려준다. 그 안에는 "인터뷰 대상자들이 얼마나 다른지, 그러나 또 어떤 것을 공통으로 가지고 있는지를" 포함한다King & Horrocks, 2013, p. 217. 테마를 도출할 때 사례 내의 측면이 고려되지 않으면 개인적 경험의 특수성은 무시된 채 사실상 실증주의 전통에 입각한 추상적인 변수 간 관계만을 보여줄 우려가 있다. 반면 참여자 각각의 이야기만을 강조한 채 사례 간 분석이 제대로 되지 않으면 연구 결과는 서로 관련 없는 사례 연구를 모아 논 것에 불과해진다King & Horrocks, 2013. 연구의 특성에 따라 사례 내 혹은 사례 간 분석의 강조점이 달라질 수는 있지만, 전체적으로 두 개 사이에 균형을 맞추어야 한다.

그 밖에도 테마를 도출할 때에는 다음의 사항을 주의한다 Braun & Clarke, 2016; Saldaña & Omasta, 2018.

- 테마는 단지 자료의 내용을 요약해 놓은 것이 아니다. 구체적인 사례를 넘어 보다 개념적이며, 일반적인 적용이 가능한 것으로 분석적 도약을 해야 한다.
- 테마 간 서로 연결되면서도 각 테마들이 명확히 구별되어야 한다. 즉, 테마 간 공통점, 차이점, 관련성이 잘 드러나도록 하여야 한다.
- 테마들은 연구 질문에 대한 풍부한 답을 제공해야 한다.
- 테마를 도출하다 보면 점차 원자료와 멀어지면서 맥락을

놓치고 환원주의적 분석에 빠질 위험이 있다. 반드시 원자료에 테마를 대입해 보면서 테마가 현장을 제대로 반영하고 있는지 검토한다.

- 코딩한 자료에도 테마를 대입해 보면서 코딩이 잘 되었는지, 전체적으로 분석이 철저하고 의미 있으며, 자료의 미묘한 뉘앙스를 잘 반영하고 있는지 검토한다.
- 부족한 부분이 있다면 지속적으로 수정 과정을 거친다.
- 항상 연구 질문을 머릿속에 떠올려서 초점이 벗어나지 않도록 한다.

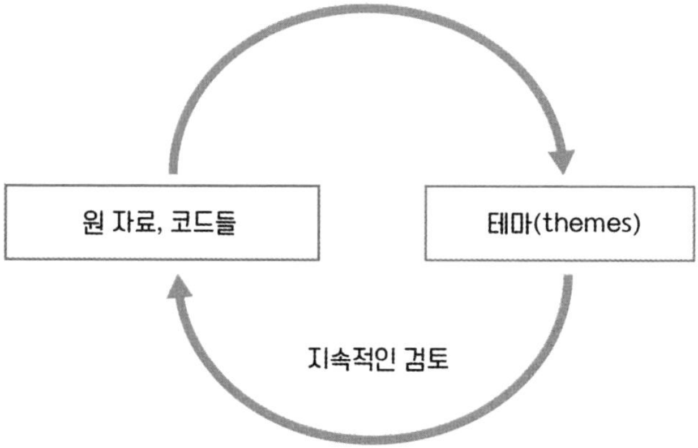

테마를 도출할 때 자주 발생하는 몇 가지 실수는 다음과 같다(한유리(2020)를 바탕으로 재구성).

- **최종까지 살아남으면 무조건 테마다?** 보통 질적 분석에 익숙지 않은 연구자들은 코드를 계속 상위 범주로 묶다가 최종까지 살아남는 범 주 몇 개를 테마라고 생각한다. 예를 들어, 전사 자료를 코딩 한 뒤→모든 코드들을 범주로 묶고→이 범주들을 다시 상위범주로 묶기를 반복하다가→ 4~5개의 상위 범주가 남으면 4~5개의 테마가 도출되었다고 한다. 그러나 테마는 '이상형 월드컵'과는 다르다. 최종까지 살아남는 범주가 무조건 테마가 되는 것은 아니다. 이 문제는 다음 문제와도 연결된다.
- **모든 코드와 범주가 테마에 포함되어야 한다?** 초보 연구자들은 현장에서 수집해 온 자료가 전부 다 최종 결과에 들어가야 한다고 생각한다. 그래서 자료 전체에서 나온 모든 코드들을 범주화하고 테마에 억지로 넣으려다 보니 잘 들어맞지 않는 것도 있고 해서 코드를 이리 넣었다 저리 넣었다 하며 시간을 허비한다. 여기에도 해당되고 저기에도 해당되는 코드는 어떻게 해야 할지 모르겠다며 어려워한다. 그 과정에서 '질적 분석은 진짜 어렵다'는 생각이 든

다. 그러나 모든 코드가 테마에 포함되어야 하는 것은 아니다. 테마와 관련된 중요한 코드와 범주가 있는 반면, 직접적인 관련이 적은 것도 있다. 연구자가 해야 할 일은 많은 자료 중에서 옥석을 가리는 일이다. 테마를 찾는 단계에서는 선택과 집중이 중요하다.

- **인터뷰 질문 = 결과에서 발견된 테마?** 자주 나오는 추가적인 실수는, 참여자에게 했던 인터뷰 질문을 테마라고 말하는 것이다Braun & Clarke, 2006; Staller, 2015. 예를 들어, 인터뷰에서 "프리랜서로 일하는 데에 어떠한 어려움이 있으신가요?"라는 질문을 했는데, 놀랍게도 결과로 도출된 테마가 "프리랜서 일의 어려움"이라고 말하는 경우다. 물론 일부 질적 연구자들은 이것을 별로 문제 삼지 않을지 모르며, 그다지 큰 문제가 아닐 수도 있다. 그러나 질적 연구에서 테마는 연구문제에 대한 답을 제시하며 연구자의 해석이 반영된 보다 차원이 높은 추상적 개념이다King & Horrocks, 2013. 테마는 인터뷰에서 물어본 질문에 대한 참여자들의 다양한 생각과 경험을 바탕으로 연구자가 분석과 해석을 해서 도출해야 한다. 예를 들면, "프리랜서로 일하는 데에 어떠한 어려움이 있으신가요?"라는 질문을 했을 때의 답변을 통해 "자유와 소외의 경계에 놓인 삶", "쉼 없는 자기 개발 노

력의 늪", "관계유지를 위한 일과 전문성 사이의 갈등" 등이 잠정적 테마로 나올 수 있다. 참여자에게 했던 인터뷰 질문이 고스란히 테마로 도출되는 것은 분석이 잘 이루어지지 않음을, 다시 말해서, 연구자의 해석을 통해 기존 지식에 기여할 만한 결과를 이끌어내지 못했음을 보여준다 Braun & Clarke, 2006; Staller, 2015.

- **테마끼리 서로 상관없어도 된다?** 테마란 연구 주제에 대한 답이다. 몇 개의 테마들이 서로 어떠한 방식으로 연결되어서 연구 주제를 설명하는지, 이들 사이의 차이는 무엇인지, 왜 이 테마들이 중요한지를 설명해 주어야 드디어 연구 주제에 대한 완성된 그림이 그려진다. 드라마로 치면 테마는 중심 역할을 하는 인물들이다. 이들과 관련된 주변 사람들은 하위 테마라고 할 수 있다. 드라마가 짜임새 있으려면 주인공들 사이에 적절한 연결고리가 있어야 한다. 이들 간의 유기적 관계를 통해 작가가 전달하고자 하는 주제가 드러난다. 그다지 관련이 없는 등장인물은 드라마의 흐름을 깨고 몰입을 방해한다. 질적 연구의 테마와 하위테마를 선택할 때에도 이 점을 고려하면 도움이 될 것이다.
- **인용문만 늘어놓은 것이 테마?** 초보 연구자는 테마 A, B, C

가 도출되었다고 말한 후 곧장 "테마 A에 대한 증거는~~~", "테마 B에 대한 증거는 ~~~"과 같이 참여자들의 말을 길게 인용만 하는 방식으로 결과를 제시한다. 그러나 참여자들의 말은 독자들에게 연구의 테마를 더 생생하게 보여줄 수 있는 보조적 역할이지, 단순히 인용문만 늘어놓는다고 저절로 테마가 설명되는 것은 아니다. 왜 그리고 어떻게 해당 테마가 중요한 지를 연구자가 해석하고 자세히 설명해야 한다. 인용문만 제시하는 것은 연구자가 해야 할 지적 작업을 독자들에게 떠넘겨버리는 것과 마찬가지다. 따라서 테마를 언급한 뒤에는 연구자가 해당 테마에 대해 자세히 설명하고, 인용을 했을 경우에도 참여자들의 말을 다시 정리하고 요약해야 한다Watts, 2014.

- **여러 명이 말했다면 테마인가?** 질적 연구의 근본 목적은 의미의 이해이지 정확한 수치제시가 아니다. 테마는 여러 명이 그 말을 했기 때문에서가 아니라 연구 주제를 이해하는 데에 도움이 되기 때문에 중요하다. 그러나 여전히 양적 연구식 사고를 가지고 질적 분석을 하는 경우가 있다. 이들은 '7명의 참여자가 이렇게 말했다', '3명은 이렇게 말했다'와 같이 반드시 수치를 넣는 경향이 있다. "대부분의 참여자가 ~~부분을 강조했다"라고 말하는 것 역시 다수

의 의견에 힘을 싣는 양적 연구식 사고다Watts, 2014. 물론 '대부분'이나 '일부', '소수의' 등의 표현이 꼭 필요한 경우도 있다. 예를 들어 모든 참여자가 그렇게 말했을 경우라도 참여자들의 익명성을 지키기 위해 "대부분의 참여자"로 고쳐서 표현할 수 있다. 그러한 경우가 아니라면 다수의 의견이 소수의 의견보다 중요한 것처럼 비춰지지 않도록 주의해야 한다. 테마를 소개한 뒤에는 그 테마에 대해 언급한 모든 참여자들의 인용문을 결과로 제시해야만 한다고 생각하는 문제 역시 양적 사고다. 그래야지만 증거로 타당하게 뒷받침되며 독자들이 그 테마가 중요하다고 여길 것이라 생각하기 때문이다. 그러나 일부 참여자가 한 이야기 속에서도 연구 주제에 대한 통찰을 찾을 수 있다. 만일 일부만이 그렇게 말했기 때문에 중요하지 않다고 생각한다면 대규모 설문으로 드러나지 않는 소수의 삶의 이야기를 들으려는 질적 연구의 의도 자체를 잘못 이해하고 있는 것이다.

- **테마는 도출된다?** 사실 나 역시 습관적으로 테마 도출이라는 표현을 쓰지만, 테마는 분석을 통해 저절로 도출되지 않으며 발견되는 것도 아니다Staller, 2015. 테마는 구성되며 그 과정에서 연구자는 다양한 역할을 한다. 자신의 모든

지식을 적극적으로 활용하고 창의성을 발휘하며 잘 들어맞지 않는 자료를 어떻게 설명할지 고민한다. 이러한 과정을 거쳐서 최종적으로 테마가 결정된다. 마치 통계 패키지를 돌렸더니 수치가 나오듯 테마가 도출되지는 않음을 이해하고, 논문에서도 분서과정에서의 연구자의 역할을 자세히 기술한다.

만일 연구의 시작단계에서부터 테마에 대한 대략적 아이디어가 있을 경우는 어떻게 하는가?

연구를 시작하면서 어느 정도 연구 결과에 대한 대략적 아이디어가 그려져 있을 수 있다. 또한 자료로부터 귀납적 방법으로 테마를 도출할 수도 있지만bottom-up 방식, 연역적으로 이론에서 아이디어를 얻기도 한다top-down 방식. 실제 연구에서는 위의 방법이 모두 사용된다. 단, 잘못된 점은 어떤 방법을 선택하든, 자신의 가설이나 주장을 입증하는 증거만 보고하는 것이다. 연구자가 아무리 연구 현상에 대해 많이 알고 있다고 해도 실제 현장에서 구성한 자료는 훨씬 다양하고 복잡하며 모순적인 삶의 모습을 담고 있다. 복잡한 자료는 다양하게 해석될 수 있기 때문에 연구자는 하나의 옳은 해석을 추구하기 보다는 다양한 가능성에 열린 태도를 보여야 한다Tracy, 2013.

자신이 보고자 하는 것만 보는 것을 방지하기 위해서 분석에 대한 참여자의 의견을 듣거나member-checking, 다양한 사람에게 연구 결과를 설명하고 피드백을 받거나(동료 검증이나 전문가 검증), 여러 자료를 수집하거나 분석을 여러 방법으로 해 본다거나(삼각 검증) 하는 등의 타당도 검증방법이 있다(뒤에서 다시 설명함).

그 외에도 분석과정에서 스스로 자기의 가정에 반대되는 자료를 적극적으로 찾아보는 것이 중요하다. 인간의 뇌는 첫 인상을 쉽게 기억하고, 거기에 모순되는 증거는 잊어버리거나 왜곡해서 받아들이는 경향이 있기 때문에Hertenstein, 2014, 연구자는 자신의 예감을 뒷받침하는 증거보다는 이에 배치되는 정보를 찾아서 살펴봐야 한다. 부정적인 사례도 함께 제시하는 것은 연구자의 주장과 배치되는 자료를 검토했음에도 여전히 연구자의 주장이 유효하다는 것을 자신있게, 그리고 솔직하게 보여주기 때문에 타당도와도 관련이 있다Yin, 2013.

테마를 도출한다는 것은 테마 분석을 의미하는가?

많은 질적 연구에서 연구자는 코딩과 범주화를 거치면서 테마를 도출해간다. 하지만 이것을 모두 테마 분석TA: Thematic analysis이라고 부르지는 않는다. 테마 분석은 "질적 자료에서 의미의 패턴(또는 테마)를 찾아내고 해석하는 기술technique 또는 방법methods" Braun & Clarke, 2016, p. 84으로 원래 전통적인 내용분석Content analysis에서 나왔다. 내용분석은 양적 연구 전통에 기반하며 텍스트나 이미지에서 미리 정해놓은 범주의 요소가 얼마나 많이, 그리고 자주 나타나는지를 체계적으로 수치화하는 방법이다. 이후 테마 분석은 그 발전과정에서 눈에 보이는 표면적 테마뿐만 아니라 암묵적인 테마까지 분석하는 방식으로 발전하였다Joffe, 2012.

보통 테마 분석이라고 하면 "근거이론이나 담론 분석 등의 특정 방법론을 따르지 않는 일반적인 질적 분석방법Schwandt, 2015, p. 65"을 말한다. 이 책에서는 브라운과 클라크의 테마 분석 과정도 일부 포함되어 있지만 질적 자료를 분석하며 테마를 도출하는 일반적인 과정을 다루고 있다. 연구자는 "테마 분석Thematic analysis을 실시하였다"가 아닌 "코딩과 범주화를 거쳐 테마를 도출하였다"와 같이 연구 방법Method만 보고해도 무방하다.

연구 방법과 방법론의 차이가 명확하지 않을 수도 있으므로 보충 설명을 하자면 연구 방법method은 자료를 수집하고 분석하는 단계와 기술이다(예를 들어 심층 인터뷰, 참여관찰 등). 기술technic은 일반적인 것이므로 다양한 질적 연구에 적용할 수 있다. 반면 연구 방법론methodology은 "연구를 어떻게 진행해야 하는 지에 대한 이론"이라고 할 수 있다Schwandt, 2015, p. 200. 그 안에는 특정 방법론을 탄생시킨 철학적, 이론적, 인식론적 배경이 있다. 그렇기 때문에 특정 방법론을 선택하는 것은 연구 질문, 연구 설계와 과정, 분석과 해석의 전 과정에 영향을 미친다.

예를 들어 방법론으로써 근거 이론은 상징적 상호작용과 프라그마티즘(실용주의)의 영향을 받았다. 상징적 상호작용이란 간단히 말해서 의미는 인간의 상호작용을 통해 일상적으로 재창조되기 때문에 그 과정을 이해하는 것이 중요하다고 보는 것이다. 프라그마티즘(실용주의)은 절대적인 지식의 객관성이란 가능하지 않으며 연구자와 연구대상 간, 연구자와 연구자 간 끊임없는 상호작용을 통해 검증과 재검증을 반복함으로써 엄밀함을 확인해야 하고 이러한 엄밀함의 최대치가 바로 사회적으로 구성된 객관성의 표현이라고 본다Charmaz, 2006. 따라서 특정 방법론을 선택한다는 것은, 예를 들어 근거이론이나 현상학을 선택한다는 것은, 그것이 근거한 이론적, 인식론적 배경도 이해하고 있음을 전제로 하며, 이에 대한 설명을 논문의 방법론 챕터에서 기술하는 것이 바람직하다.

질적 연구를 통해 인과관계를 밝힐 수 있는가?

어떤 부정적인 일이 발생하면 우리는 그 원인이 궁금하다. 빨리 그 원인을 알고 조치를 취해서 재발을 막고 싶어한다. 하지만 사회과학에서 그 원인이 늘 명백하게 드러나는 것은 아니다. 1999년 4월 20일 미국 콜럼바인 고등학교 총기사건의 가해자 중 한 명인 딜런 클리볼드의 어머니 수 클리포드가 사건 16년 후 발간한 책 〈나는 가해자의 엄마입니다〉의 해설에서 앤드루 솔로몬은 이 문제의 어려움을 다음과 같이 잘 설명하고 있다.

> "살인자를 속속들이 알기란 불가능하다. 우리 사회는 원인이 무엇인지 누구를 원망하면 좋을지 찾으려고 한다. 희생자 가족들도 도무지 알 수 없는 '감춰진 해답'을 내놓으라고 줄기차게 요구했다 p. 18."

"이 책은 이 일이 얼마나 복잡한 문제인지를 보여주는 증거이기도 하다. 수 클리포드는 좋은 사람도 나쁜 행동을 할 수 있고, 사람은 누구나 도덕적 혼란 속에 있으며, 무언가 끔찍한 일을 했기에 다른 행동이나 동기마저 무위가 되는 것은 아니라고 말한다. 이 책에 담긴 궁극적 메시지는 충격적이다. 내 자식을 내가 모를 수 있다는 것. 아니 어쩌면, 자식을 아는 게 불가능한 일일 수도 있다는 것이다. 두렵게 생각되는 낯선 사람이 바로 내 아들이나 딸일 수도 있다 p. 16."

인과관계란 "왜 그런가?"라는 질문에 "왜냐하면 ~이기 때문이다Patton, 2017, p. 885"라고 대답하는 것이다. 그렇다면 독특한 소수의 사례를 다루는 질적 연구는 인과관계를 밝히기 어려울까? 맥스웰Maxwell, 2012은 이 생각이 편견일뿐더러, 복잡하며 지엽적인 인과관계를 이해하는 데에는 오히려 질적 연구가 중요한 역할을 한다고 말한다. 맥스웰의 설명을 더 살펴보자. 현재의 인과관계 개념은 실증주의, 그리고 실증주의의 영향을 받은 양적 연구와 실험연구에서 나왔다. 실증주의에서 원인을 파악하는 것은 두 변인 간 반복되는 법칙을 증명하는 데 있다(예. A이면 B이다). 그림으로 보면 다음과 같다.

그러나 이러한 인과관계 개념은 규칙적 패턴이 여러 번 반복된다regularity는 것을 전제로 하기 때문에 자연 현상을 설명하는 양적 연구에서는 잘 들어맞지만 사회과학에서는 다음과 같은 이유로 받아들여지기 어렵다.

- 객관적 실재가 존재하고 중립적인 방법으로 원인을 명확히 밝힐 수 있다는 실증주의 철학에 근거하고 있다.
- 인간관계에서 발생하는 해석적 이해, 생각, 행동은 배제한 채 기계적이고 결정론적 인과관계를 도출한다.
- 왜 그런 일이 생겼는지에 관한 맥락이 배제되어 있다.

반면 사회과학에서는 단지 A와 B가 관련이 있나 없나 만을 따지기 보다 어떻게 A가 B로 가게 되었는가에 대한 과정과 그 과정에 영향을 미치는 직간접적 맥락을 고려할 필요가 있다. 이 과정을 그림으로 표현하면 다음과 같다.

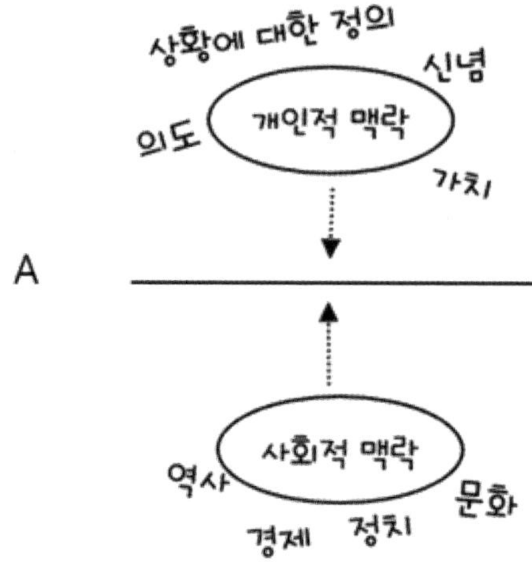

특히, A에서 B로 가는 과정에는 당사자가 아닌 외부인은 알기 어려운 다양한 선택의 과정과 변곡점이 포함된다.

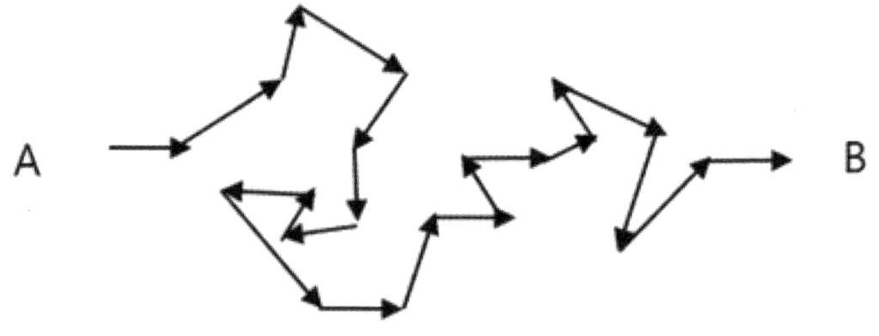

베커Becker, 2005의 다음 설명을 참고하면 이해가 더 쉽다.

"어떤 일은 흔히 우리가 단순히 이해할 수 없는 것처럼 보이기도 하는데, 그것은 우리가 그 행동이 선택되어 실제로 일어난 우발적 사건의 입장에서 너무 멀리 떨어져 있기 때문이다. … 최종 결정은 그 이전의 여러 결정으로 형성된 긴 선분의 끝에 있고, 각각의 사전 결정 —이것이 핵심 논점이다— 은 본질적으로 그렇게 기괴해 보이지 않는다. … (성전환 수술을 한) 이 가공의 젊은 남자는 과거에 전혀 들어본 적이 없었고 상상조차 해보지 않았던 어떤 일을 행하고 있는 자신을 발견한다. 그가 취한 단계들은 결코 급진적이지 않다. 각 단계는 그가 언제라도 방향을 바꿀 수 있는 많은 길 가운데 있는 작은 단계에 불과하다. 각 작은 단계는, 일단 상황이 자신에게 납득되면, 이 젊은 남자와 전혀 비슷한 바가 없는 사람들도 지적으로 그리고 감정적으로 이해할 수 있는 것이다. … 너무 기이하고 무지하여 '그들이 미친 것이 틀림없어'라는 설명밖에 할 수 없는 어떤 것의 발견은 우리가 연구 중인 행위에 관해 충분히 모르고 있음을 경고하고 있다는 것이다Becker, 2005, pp. 64-67."

정리하면, 질적 연구는 특정 맥락에서 사건이 일어나고 진행되어가는 과정과 그 과정속에서 참여자들이 내린 판단의 근거와 처한 상황을 순차적으로 보여줌으로써 인과관계에 대한 통찰력을 제시할 수 있고 양적 연구 결과에 보충 설명을 제시해준다.

질적 연구는 순수하게 귀납적인 방법만 사용되는가?

자료를 읽고 테마를 도출하고 해석하는 동안 연구자는 다양한 사고과정을 거친다. 흔히 질적 연구는 자료에서 나온 증거들을 모아 결론을 내리는 귀납적인 사고를 주로 사용한다고 생각할 수 있는데, 실제로는 귀납induction, 연역deduction이 모두 활용된다. 귀납과 연역은 자료와 이론의 관계를 알려준다. 연역은 위에서 아래로, 즉 이론에서 시작하여 그것을 경험적인 자료와 맞춰보는 것이다. 귀납은 반대로 아래로부터 위로, 즉 관찰한 것을 바탕으로 가설이나 이론을 만드는 방식이다.

귀납과 연역 이외에도 실제 질적 분석에서는 제3의 추론방식인 가추적 사고abduction가 중요하다. 가추는 실용주의 철학자 퍼스Peirce가 처음 말하였는데, 비슷한 말로 retroduction(retrodict는 현재의 정보에 기초하여 추리, 재현, 설명한다는 의미), retroductive inference, inference to the best explanation 등도 사용된다Kelle, 2014, p. 561. 가추는 귀납과 비슷하게 자료에서 나온 이야기를 가지고 시작한다. 하지만 추론을 위해 또 다른 관찰을 하는 귀납과는 달리 가추는 하나의 관찰한 사실을 토대로 이 현상을 설명할 수 있는 이론적인 명제("만일 X라면 발생한 현상 Y를 설명할 수 있다)를 만들어 본다. 이 명제는 최종적인 이론이 아니다. 단지 여러 가능한 대안 중 하나이다. 연구자는 여러 가설을 놓고 자료와 비교해 보면서 자료를 가장 잘 설명하는 최선의 가설을 최종적으로 채택한다. 이 과정은 다음과 같이 볼 수 있다.

- 놀랄만한 사실 Y가 관찰되었다.
- 만일 X가 사실이라면 Y는 당연한 결과일 것이다.
- 따라서 X가 사실이라고 볼 이유가 존재한다(즉, X라면 발생한 현상 Y를 설명할 수 있다).

캘리Kelle, 2014, pp. 561-562의 설명을 예로 들어보자.

- 이주 노동자가 경찰과의 문제를 이야기 하였다.

여기까지는 귀납과 비슷하다. 자료에서 관찰한 사실이기 때문이다. 하지만 또 다른 자료를 수집하는 대신에 연구자는 이를 바탕으로 일반적인 명제를 만든다.

- 일탈적인 그룹의 구성원은 사회를 지배하는 기관에 의해 낙인 찍힌다.

이 명제는 단지 하나의 이주 노동자에서 나온 것이므로 그가 정말로 일탈 그룹의 구성원으로 간주되는지, 아니면 실제 잘못을 저질러서 경찰과 문제가 발생했는지는 잘 모른다. 단지 관찰 자료를 설명할 수 있는 가능한 가설의 하나가 된다. 즉, 가추는 새로운 가설을 만들어 냄으로써 발생한 상황을 새롭게 설명하는 쪽으로 이끌어간다.

셜록홈즈의 추리도 가추적 사고의 결과다. 에코와 세벅Eco & Sebeok, 2015은 셜록홈즈의 추리와 가추의 관계를 다음과 같이 설명한다.

> "퍼스의 가추법이나 홈스의 수사는 결과적인 사실의 미지의 원인에 대해 가정을 세우고 고민하는 것이 연구나 수사의 핵심적인 단계라는 것이다. … 〈주홍색A study of Scarlet〉 후반부에서 그는 왓슨에게 경찰 수사를 해결하는 비결이 "거꾸로 추리하기reasoning backwards"라고 설명한다. 홈스는 보통 사람들이 거꾸로 추리하는 방식을 거의 사용하지 않는다고 말한다. "일상생활에서는 앞으로 추리하는 것이 더욱 쓸모가 있으니까 반대 상황(거꾸로 추리하는 것)은 도외

시되기 십상이지… 만약 자네가 사건의 추이를 설명하면 대부분의 사람들은 그 결과가 어떻게 될 지 말할 수 있을 걸세… 그렇지만 결과만 듣고 나서 자신의 내부 의식 작용을 통해 어떤 과정을 거쳐 그 결과에 도달하게 되었는지에 대해 말할 수 있는 사람은 많지 않을 걸세… 사건의 결과를 보고 원인에 대해 분석적인 추론을 해내는 경우야말로 정말 가치가 있는 것이지. 나는 바로 이렇게 사건을 해결해 나간다네Eco & Sebeok, 2015, pp. 78-79."

연역에서 귀납, 그리고 가추법으로 갈수록 "확실성은 줄어들고 풍성함은 늘어난다. 다시 말해서 추측의 확실성이 떨어질수록 새로운 것을 발견해 낼 가능성은 증가한다Eco & Sebeok, 2015, p. 18." 따라서 질적 분석을 통해 평범하게 지나치던 일상을 새롭게 재발견하기 위해서는 가추적 사고를 더 많이 활용할 필요가 있다. 연구자는 자신이 주장한 것만을 찾으려 하기보다, 관찰된 사실을 토대로 여러 가설을 생각해 보며 이 중 최선의 가설을 결과로 도출해야 한다. 그리고 퍼스의 주장에 따르면 최선의 가설은 "가장 단순하고도 자연스러운 것이며, 가장 검증하기 쉬우면서, 모든 가능한 사실들을 광범위하게 설명해 주는 것Eco & Sebeok, 2015, p. 51"이다. 가추를 위해서 연구자는 창의력을 활용하고, 선행 지식과 관찰된 사실을 연결해 봐야 하고, 지속적으로 가설의 수정 과정을 거쳐야 한다Kelle, 2014, p. 562.

10 연구 결과 보여주기

독자에게는 결과를 어느 정도로 자세히 기술해야 할까?

분석을 엄격하게 진행하는 것 못지않게 이를 효과적으로 전달하는 것도 중요하다. 필요하다면 시각적 자료를 다양하게 활용해본다. 무엇보다도 중요한 내용을 위주로 전달하는 걸 잊지 않는다. 질적 연구를 읽다 보면 너무 많은 테마와 범주, 코드를 소개하고 이를 길게 글로 설명해 놓은 경우가 있다. 긴 설명은 쉽게 지루해진다. 매력적인 주제에 끌려 아티클을 읽기 시작하다가도 곧 대충 훑어보곤 이내 던져버리게 만든다Richardson & St. Pierre, 2005.

수개월, 때론 몇 년에 걸친 노력이 아무에게도 읽히지 않는데도 불구하고 연구자들은 왜 그렇게 길게 설명을 하는 지 한

번쯤 돌아볼 필요가 있다. 아마도 질적 연구자들은 할 말이 많을 것이다. 현장에서 보고 들은 내용을 생생하게 모두 전달하고 싶겠지만, 독자는 핵심을 원한다.

- "다 아는 이야기는 빼고"
- "결론이 뭔가?"
- "그래서 하고 싶은 말은 무엇인가?"
- "이 연구가 나와 어떤 상관이 있나?"
- "지금까지 몰랐던 새로운 내용은 뭔가?"

가장 중요한 내용만 선별한다는 것은 그보다는 덜 중요하지만 많은 매력적인 이야기를 최종 보고서에서 과감히 뺄 수도 있어야 한다는 의미다. 길고 지루하게 써내려 간 보고서는 연구자가 무엇이 중요하고 덜 중요한 지를 판단하지 못했다는 반증이기도 하다. 자신이 보고 들은 것을 일단 전부 기록하고는 최종 판단을 무책임하게 독자에게 떠맡기는 것이다. 독자에게는 매우 피곤한 일이 된다. 독자가 피곤을 느끼면 짜증이 나고 비판적으로 연구를 보게 될 수도 있다. 사람은 이성보다 감정으로 먼저 설득 당하기 때문이다. 따라서 연구 결과를 보여줄 때에는 반드시 연구 현상과 관련된 핵심 테마를 위주로 짜임새 있게 기술한다.

그렇다면 테마 내용만 간략히 요약하라는 뜻인가?

연구의 목적은 단지 테마를 요약하는 것이 아니다. 연구자가 테마를 어떻게 밝혔는지 독자에게 이야기해주는 내러티브를 구축하는 것이다King & Horrocks, 2013. 다시 말해서, 글쓰기를 통해 연구 결과를 이야기로 풀어내는 것이 연구자의 역할이다. 연구자는 그 테마가 왜 중요하고 독자가 알아야 하는가를 효과적으로 전달해야 하는데 이때 명료한 설명이나 강력한 호소력, 생생한 묘사는 독자의 흥미와 몰입을 높이는데 도움이 된다. 이는 스토리텔링과도 유사하다.

이런 면에서 질적 글쓰기에 스토리텔링 기법을 적용하면 효과적이다. 〈끌리는 이야기는 어떻게 쓰는가?〉의 저자인 리사 크론은 우리가 현실도피를 위해 이야기를 듣는 게 아니라 오히려 현실을 탐색하기 위해 이야기를 듣는다고 말한다. 살면서 모든 상황을 직접 경험해 볼 수 없으므로 이야기를 통해 머릿속에서 시뮬레이션 해보고 미래의 행동을 결정하는게 도움이 된다. 또한 이야기는 맥락을 제공해서 사실의 이해를 돕고 감정을 자극하는데, 감정은 결정을 내릴 때 매우 중요한 요소다.

그렇다면 어떻게 이야기를 잘 만들 수 있을까? 드라마 대본을 생각해보면 도움이 된다Cron, 2015; Pratt, 2009; Saldaña & Omasta, 2018. 인기 많은 드라마는 주인공을 중심으로 다음의 요소들이 짜임새 있게 흘러간다.

- 적절한 수의 등장인물이 나온다. 너무 많은 등장인물이 나오면 각각의 에피소드를 소개하느라 드라마의 방향을 잃거나 시간을 많이 잡아먹게 된다.
- 주인공은 어떠한 장애물을 맞이한다. 이들은 어떤 긴장이나 갈등을 경험한다.
- 주인공은 무엇인가 성취하고 싶은 목적이 있다. 이 목적을 달성하는 과정에서 주인공은 다양한 심정 변화를 겪는다.
- 독자들은 이야기가 어떻게 흘러가는 지 이해할 수 있다.
- 이 과정에서 독자들은 인간의 본성에 대한 이해가 깊어진다. 인간이 느끼는 감정, 정서, 삶의 의미와 같은 보편성으로 연결된다.

연구자가 연구 결과로써 테마를 기술하는 것도 이와 마찬가지다. 테마는 너무 많지 않아야 하며 모두 긴밀히 연결되어 하나의 이야기를 형성해야 한다. 그리고 이를 통해 구체적인 경험에서 도출된 삶의 보편적인 주제를 드러내야 한다.

반대로 이야기가 핵심을 벗어나고 있을 때는 어떠한 지 다음의 예를 살펴보자Cron, 2015, pp. 47-48.

- 주인공이 누구인지가 명확하지 않으며 일어나는 일의 의미나 연결고리가 파악이 안 된다.
- 주인공이 누구인지는 알지만 목표가 불확실해서 핵심이 무엇인지, 이야기가 어디로 가는 지 알 수 없다.
- 주인공의 목표는 알겠지만 그 목표를 만들어낸 내면적 문제에 대한 설명이 부족하면, 모든 일은 표면적이거나 따분하게 느껴진다.
- 주인공의 목표와 내면적 문제는 알겠지만 이야기가 중구난방으로 터무니 없이 진행되면 황당해진다.
- 주인공의 목표가 무엇인지는 알지만, 일어나는 일들이 목표 성취에 별로 영향을 끼치지 못한다.
- 독자들은 왜 주인공이 그러고 있는지, 앞으로 무슨 일을 할 지 도무지 알 수 없다.

연구자는 각 테마의 내용을 상세히 설명하면서도 이들이 연구 질문과 어떻게 연결되는지를 늘 염두에 두며 하나의 이야기로 완성시키는 스토리텔러다.

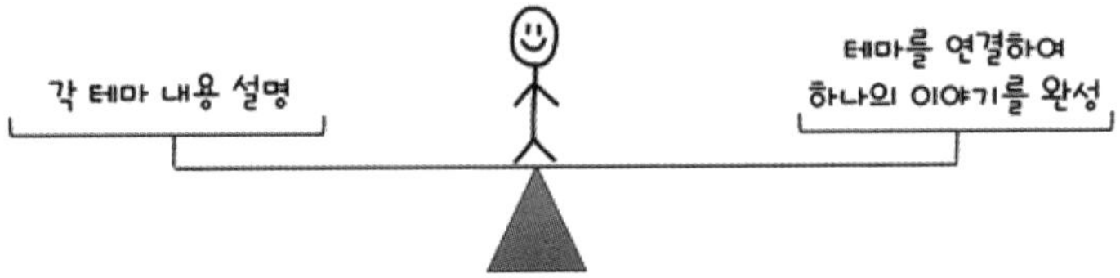

참여자를 최대한 긍정적으로 표현하는 것이 좋은가?

연구자의 역할은 참여자들이 연구 문제를 어떻게 생각하는 지 그들의 관점을 충실히 반영하는 것이지, 연구자가 참여자들을 어떻게 생각하는 지를 보여주는 것이 아니다Watts, 2014. 왓츠Watts, 2014, p. 4의 다음과 같은 추가 설명을 보면 연구자의 역할을 보다 명확히 알 수 있다.

- 참여자들의 의견을 우선 순위로 다룬다. 단, 이것은 연구자가 참여자를 자동적으로 지지하거나 그들의 입장에 동의한다는 것을 뜻하지 않는다.
- 참여자를 존경하거나 추켜세우는 것 역시 판단이 개입된 것이며 연구자의 관점을 부적절하게 표현한 것이다.
- 참여자의 말과 관점을 우선시 한다는 것은 이들이 공감

받으며 이해되고, 분석과 해석을 통해 명료하게 표현되고, 그들의 관점이 가장 적절한 맥락 안에서 보여져야 한다는 것이다.

물론 논문이나 아티클이 출판되면 연구 참여자들이 독자가 되기도 한다. 참여자들은 자신의 인터뷰가 어떻게 연구 결과로 표현되었는지 궁금해 할 수 있다. 하지만 연구자는 그들의 관점을 단지 재생산하는 것이 아니라 학문적, 실천적 기여를 고려하는 입장에 있다. 자신의 역할에 대한 균형감각을 잃지 않아야 한다.

또한 연구자는 "참여자의 시각을 통해 세상을 바라보고, 그들의 경험이 갖는 논리를 이해Charmaz, 2013, p. 123"하면서도 내부자 관점에서 벗어나 외부자 관점으로 객관적 기술을 할 수 있어야 한다.

인용하기에 적절한 내용은 무엇인가?

질적 연구는 참여자들의 이야기를 직접 인용하여 현장의 생생함을 전할 수 있다. 인용구를 넣을 때에는 그 이유를 명확히 고려한다Harding, 2013. 예를 들어 연구자가 참여자의 이야기를 재구성하거나 요약하기 힘들 경우에는 직접 인용하는 것이 효과적일 것이다. 또한 테마를 두드러지게 보여주고, 테마의 흥미로운 면을 드러내는 말을 했다면 이를 직접 인용하는 것이 좋다. 참여자들끼리 동일한 주제에 대해 서로 다른 의견을 내세울 경우에도 직접 인용을 통해 상반되는 관점을 비교해서 보여줄 수 있다.

인용문을 넣을 때 주의할 점이 있다King & Horrocks, 2013; Pratt, 2009; Watts, 2014.

- 맥락도 없이 한 줄이나 몇 단어만 인용해서 연구자의 생각을 뒷받침하는 것은 바람직하지 않다.

- 동일한 내용을 하나의 연구 안에 여러 번 인용하지 않는다.
- 일부 참여자가 흥미로운 이야기를 했다고 해서 이들의 말만 중점적으로 인용하는 것은 문제가 있다.
- 인용문을 보고 참여자의 신분이 드러나게 해서는 안 된다. 참여자의 비밀보장이 위협받을 만한 부분은 제외한다.
- 참여자의 방언 때문에 뜻이 불분명하다면 괄호나 각주에 해설을 추가할 수 있다.
- 문법적 오류가 있거나 인터뷰 중 생각을 하는 과정에서 말을 더듬는 것 등으로 인해 참여자들이 나중에 논문을 읽고 부끄러움을 느낄 우려가 있다면 문장을 약간 다듬는 것이 나을 수도 있다. 단, 이럴 경우에는 의미의 왜곡을 최소화하기 위해 주의한다.
- 본문에 넣는 인용문과 표에 넣은 인용문은 겹치지 않게 한다.
- 마지막으로, 인용문만 연달아 나열해 놓은 것에 그치지 말고 연구자가 참여자의 이야기를 좀 더 길고 자세하게 확장시켜 해석과 설명을 덧붙인다. 이때에는 선행 연구나 이론의 개입을 최소화 하는 것이 좋다(선행 연구나 이론에 비추어 연구 결과를 살펴보는 것은 이후 결론과 논의 부분에서 주로 이루어진다).

인용문 외에도 다양한 자료 표현 방법을 활용할 수 있는가?

마일즈 등Miles et al., 2014은 "우리는 시각화해봐야 안다You know what you display" p. 13고 하였다. 자료를 표나 그래프, 마인드 맵 등으로 변화시켜보는 것은 그 자체가 분석과정의 일부다. 또한 시각화 시키면 글로만 기술하는 것보다 연구 결과를 독자에게 더욱 효과적으로 전달할 수 있다. 시각화하는 방법은 다음의 예와 같이 다양하다.

▌표table

자료를 표로 만드는 것은 기본적이며 효과적인 시각화 방법이다. 표로 정리하는 것은 논문에 표를 반드시 넣지 않더라도 연구자의 생각을 정리하는 데 도움이 된다. 또한 결과를 효과적으로 요약할 수 있다. 잘 만들어진 표는 그 자체로 완전하고 이해가 잘 되어야 한다.

단, 표의 내용은 본문에서 이미 강조하는 요지를 지지해주는 보충 증거나 인용의 역할을 하는 것이므로, 표가 없이도 독자가 연구자의 주장을 이해할 수 있어야 한다. 그리고 자료를 모두 표로 만들어서 넣어 놓았더라도 본문에 이에 대한 적절한 설명을 추가한다. 만일 표에 대한 설명이 본문 중에 없을 경우, 독자는 번거롭게 표와 글을 왔다 갔다 반복하면서 내용을 이해해야 하기 때문이다. 또한 본문에 자료에 대한 묘사가 부족할 경우 독자가 논문을 읽다가 쉽게 지루해진다Pratt, 2009. 이는 표뿐만 아니라 매트릭스와 도표 등에도 모두 해당된다.

매트릭스matrix

매트릭스는 표와 같은 형식, 즉 행과 열로 이루어져 있다. 자료를 한 장소에서 보기 쉽게 배열해 놓은 것으로, 항목에 따른 세부 분석과 사례 간 분석에 용이하다Miles, et al., 2014. 다음은 참여자 프로파일 매트릭스의 예다Kuchartz, 2014, p. 28.

	주제 X에 대한 관점	주제 Y에 대한 관점	주제 Z에 대한 관점	참여자의 사례 요약
참여자 A				
참여자 B				
참여자 C				
…				

▌ 의사결정 모델 Decision model

만일~라면If~then의 형태로써, 조건에 따른 생각이나 계획, 선택, 결정 등의 행동변화를 나타낸다.

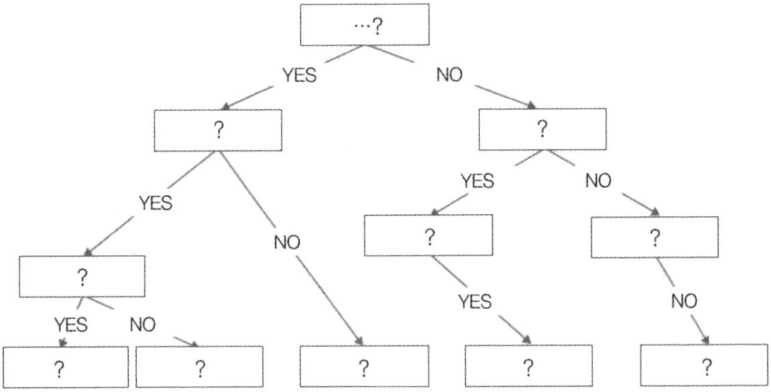

▌ 유형화typology

참여자들에게서 드러나는 태도나 성향 등을 바탕으로 유형화를 해볼 수 있다. 유형을 예시는 다음과 같다.

	외향	내향
업무 지향	주도형	신중형
관계 지향	사교형	안정형

DiSC유형의 예

그래프나 표를 이용하는 것 외에도 글로써 결과를 효과적으로 표현하는 방법들이 있다.

- 비유나 은유metaphor: "~는 ~이다"와 같이 말하고자 하는 사물이나 의미를 다른 사물에 빗대어서 표현하는 방법이다. 관련 없는 단어와 연구의 주제를 연합시켜 보여주는 것으로, 연구자는 비유나 은유를 통해 설득력 있게 결과를 전달할 수 있으므로 은유를 생성할 수 있는 능력이 매우 중요하다.
- 비네트vignette: 특정 사람이나 상황, 현상 등을 보여주는 짤막한 글이다. 글뿐만 아니라 삽화나 사진이 포함될 수 있다. 해당 주제를 설명하면서 이를 잘 보여주는 짧은 일화를 넣을 경우 독자의 이해를 돕고 생동감을 전달할 수 있다. 비네트는 참여자 한 명의 이야기의 예시일 수도 있고 몇 명의 인터뷰와 현장 노트를 바탕으로 구성된 비네트constructed vignette가 될 수도 있다.

- 본보기exemplars: 상황의 복잡성을 잘 담고 있는 것, 또는 다양한 코드 등이 녹아 있는 좋은 예시라고 할 수 있다.
- 일화anecdotes: 연구의 중심 현상과 관련된 매우 짧고 간단한 이야기이다.

위의 예시들은 연구자의 의도에 따라 연달아 늘어 놓아서 다양한 이야기와 관점을 볼 수 있게 할 수도 있고, 또는 두 개를 나란히 실어서 서로 비교나 대조가 가능하게 할 수도 있다. 단, 일화나 예시가 꼭 특이한 내용일 필요는 없다. 극적이고 인상적인 내용은 매력적일 수 있지만 보편적인 연구 현상을 이해하는 데 방해가 될 수 있다. 반면 매우 평범하거나 전형적인 내용이 예시로 적절할 수 있으므로 본문에 싣는 사례가 본보기가 되는 것인지 전형성을 벗어난 것인지를 구분해야 한다Tracy, 2013.

잘못된 질적 자료 표현 방식

예전에 한 학술모임에서 있었던 일이다. 식사 자리에서 어느 강사와 이야기를 나누게 되었는데, 서로의 전공 이야기가 나왔다. 내가 질적 연구를 한다고 했더니 상대

방은 자신은 질적 연구를 잘 모르며 양적 연구를 주로 한다고 했다. 여기까지는 흔한 대화였다. 그런데 마지막에 그 강사가 덧붙인 한마디에 나는 할 말을 잃었다. “저는 결과를 수치로 딱 보여줘서 빼도 박도 못하게 하는 게 좋아요.”

연구자가 논문을 쓴다는 건 뭘까? 연구자는 논문으로 서로의 생각을 나눈다. 글로써 비판도 하고 이에 대한 답변도 글로 한다. 그만큼 서로의 생각에 이견이 있을 수 있으며, 대화가 오가면서 학문이 발전하는 것이다. 현상을 보는 다양한 관점이 존재하기 때문이다. 앞에서 본 이 그림처럼 말이다.

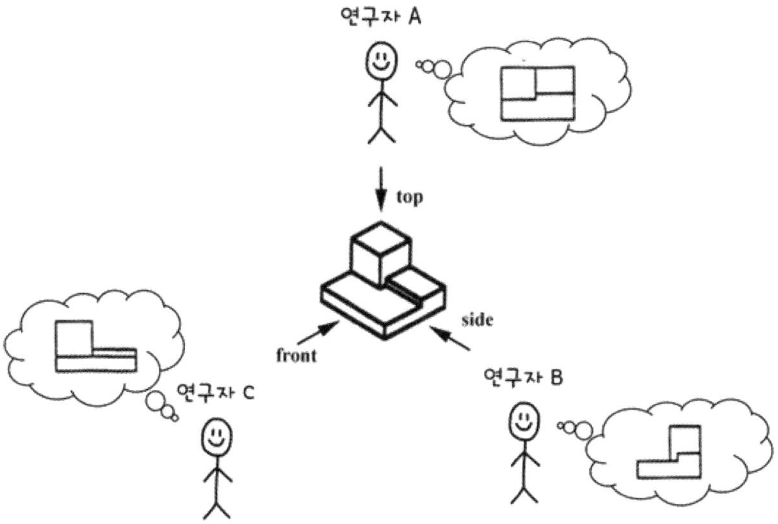

특히 사회과학의 목적은 상대방이 "빼도 박도" 못하도록 수치를 들이대며 자신의 의견이 옳다고 주장하는 것이 아니다. 그러나 양적 연구를 통한 수치와 통계자료 제시에 대한 집착은 여전히 연구자들에게 깊은 영향을 미치고 있다. 물론 질적 자료를 양적인 방법으로 분석할 수도 있다. 예를 들어 전통적 내용분석Classic Content Analysis이나 단어 세기Word Counts 등은 질적 자료 안에서 특정 단어 등이 얼마나 자주 그리고 많이 나오는 지 등을 수치화 한다.

하지만 대부분의 질적 연구의 목적은 참여자의 세계를 이해understanding하고 테마의 의미를 밝히는 것이다. 이러한 목적을 잊은 채 양적 연구를 흉내낸 자료 제시는 바람직하지 않다. 잘못된 질적 자료 제시의 예를 살펴보자Patton, 2017; Pratt, 2009; Watts, 2014.

- "독립변수는 ~이고 종속변수는 ~이다", "편견을 줄이기 위해 변수를 통제하였다": Pratt2009은 리뷰어로 있으면서 실제로 이러한 양적 연구의 용어를 사용한 질적 논문을 본 적이 있다고 놀라워하였다.
- "대부분의 참여자가 ~를 언급하였다": 대부분의 참여자가 ~을 언급한 것은 인터뷰 시 그러한 질문을 받았기 때문이다. 이러한 표현은 다수가 이런 대답을 했기 때문에 중요

하다는 의미를 암시하는 것으로 양적 연구의 사고방식과 유사하다.

- "인터뷰 참여자 15명 중 7명은 A라고 하였고, 2명은 B라고 하였으며, 6명은 C가 도움이 안 된다고 하였다": 그래서 그것이 무엇을 의미한다는 것인가? 수치를 제시하면 독자가 양적인 사고를 하도록 유도한다. "얼마나 많은가?"라는 질문은 생생한 경험의 내용을 이해하는 데 방해가 된다. 게다가 단 한 명의 이야기에도 놀랄만한 통찰이 담겨 있을 수 있는 실적 연구의 특성을 이해하지 못하고 있다.
- "B라고 한 사람은 A라고 한 사람보다 20% 많다": 수백 명의 응답자를 대상으로 한 조사연구에서 20% 차이는 매우 크다. 하지만 목적을 가지고 선별한 소수의 표본에서 퍼센티지는 오해의 소지가 있다. 예를 들어 B라고 한 사람은 A라고 한 사람보다 겨우 두 명이 많을 뿐인데 20% 많다는 것은 실제보다 큰 차이처럼 보일 수 있다.
- "교장이 도입한 새로운 프로그램은 교사 모두가 반대하였다", "교사 중 아무도 원하지 않았다": 목적 표집으로 선별된 소수의 참여자들의 이야기를 이렇게 기술하면 비밀을 보장해 줄 수 없다. 모두가 불평했더라도 "다수가", "일부는"이라고 표현하여 비밀유지 원칙을 지켜야 한다.
- "근거이론을 적용한 본 연구에서는 객관적인 연구가 되도

록 무작위 표집을 하였다", "~의 이론에 근거하여 코딩을 하였다": 새로운 이론을 형성하는 연구에서 무작위 표집을 한다든지, 한 두 개의 이론에만 근거하여 코딩을 하는 것 등은 방법론을 제대로 이해하지 못하고 있음을 보여준다.

위에서 보았듯 질적 연구를 하면서 양적인 글쓰기를 하는 것은 바람직하지 않다. 그렇다면 질적 글쓰기를 잘 하는 방법은 무얼까? 일단 질적 연구를 다양하게 접해보는 것이다. 많이 읽다 보면 자신에게 더 와 닿는 글이 있는데 이런 글을 모델로 삼아 따라 해 보는 것도 하나의 방법이다. 그러다 보면 결국 스스로의 목소리를 개발해 낼 수 있다Pratt, 2009, p. 861.

셀 수 있는 게
모두 중요한 것은 아니며,
중요한 것이
모두 셀 수 있는 것은 아니다.

아인슈타인

11 연구의 질을 검토하기 : 타당도

사회과학 연구는 사회란 정말 무엇인가에 대한 하나의 정답을 찾는 것이 아니며, 하나의 옳은 정의를 규정하는 것도 아니고, 잘잘못을 판단하거나 참여자의 생각을 비판하거나 도전하는 것도 아니다Alasuutari, 1996. 대신 삶을 보는 새로운 관점을 제공하며 이를 통해 다르게 생각하도록 돕는다. 이것이 질적 연구의 가치다. 이를 위해 질적 연구자는 다양한 관점에서 현상을 보고 성찰하고 글을 써가면서 양적 연구와 비교하여 비교적 자유롭게 분석을 해 간다.

하지만 자유로운 분석이 가능하다는 것은 방법론을 대충만 알아도 된다는 것이 아니다. 연구 과정을 공개하지 않아도 된다는 건 더더욱 아니다. 오히려 자유롭기 때문에 분석과정에서 타당한 연구가 되도록 어떠한 노력을 기울였는지를 학문 커뮤니티와 공유할 필요성이 커진다. 바로 타당도의 문제다.

사회과학연구에서 타당하다고 말하는 것은 연구 결과가 현상을 "사실true"대로 반영하고 있고, 연구 결과를 뒷받침하는 증거가 있기 때문에 "확신"한다고 주장하는 것과 같다Schwandt, 2015, p. 319 하지만, 이러한 기준은 구성주의, 포스트 모더니스트, 페미니스트, 실용주의적 관점 등에 기반한 많은 질적 연구자들로부터 비판을 받는다. 현실이란 무엇인가에 대한 생각도 서로 다를 뿐더러, 아무리 노력하여도 현실을 사실대로 전달한다는 것은 불가능하며 우리는 자신이 놓인 맥락 안에서만 현상을 이해하는 한계를 지닌 존재다. 이러한 이유로 일률적인 타당도 기준을 질적 연구에 적용하는 것이 바람직하지도 않으며 심지어 가능하지도 않다고 보기도 한다Freeman, deMarrais, Preissle, Roulston & St., Pierre, 2007. 게다가 질적 연구는 다양하기 때문에 학문 분야별로 수많은 타당도 기준이 존재할 수 있다.

질적 연구자들은 연구 결과의 질을 향상시키기 위해 끊임없이 자신들의 분석과 해석 과정을 성찰하고 관련된 학문적 논의를 이어오고 있다. 이러한 노력이 필요하다는 점에서 대부분이 동의하지만 이때 사용되는 용어에 대해서는 입장차이가 크다. 양적 연구와 비슷하게 타당도validity, 신뢰도reliability, 엄격성rigor이란 용어를 그대로 사용하는 연구자도 있고, 이와 상응하는 용어인 신실성trustworthiness, 신뢰성credibility, 전이가능성transferability, 그럴듯함verisimilitude 또는 plausibility, 관련성relevance, 확인가능성

confirmability 등을 사용하는 연구자도 있다. 또는 연구의 실질적 기여도, 미학적 가치, 연구자의 성찰, 연구의 영향력, 현실을 표현한 정도를 중요하게 보기도 한다Richardson, 2000. 그 밖에도 연구자가 주관적이 판단을 할 수는 있지만 현실은 개인의 관점 밖에서도 존재할 수 있으므로 연구 공동체가 독자를 포함한 비판적 동료로서 연구 방법을 자세히 검토해야 한다는 미묘한 실재론subtle realism을 말하기도 한다Kuchartz, 2014.

이처럼 질적 연구에서 타당도의 문제는 쉽게 합의점을 찾기 어려운 문제다. 중요한 것은 타인에게 보여주기식 타당도가 아닌, 스스로 분석과정의 엄격성을 높이고 연구 결과의 신빙성을 높이려는 노력을 하는 연구자의 윤리와 태도일 것이다. 참여자의 개인적인 삶을 자세히 공개하면서 정작 자신의 분석과정을 공개하지 않는 것은 모순이라는 지적도 나온다Contas, 1992. 질적 연구는 '타당도가 있다' 또는 '타당도가 없다'는 이분법적 개념으로 볼 수 없으며 모든 연구는 하나의 연구 안에 여러 다른 주장을 담기 때문에 연구자의 목표는 "이 주장의 타당도를 최대한 많이 확보하여 연구 전체의 타당도를 강화하는 것이다Yin, 2013, p. 135. 연구자는 다음의 다양한 타당도 높이기 전략과 방법을 자신의 연구에 맞게 적용하고 논문에 자세히 기술한다.

연구의 필요성과
연구 방법의 적절함을 설명한다

- ▢ 왜 이 연구가 필요한가를 설명한다. 독자는 시의 적절하며 현 사회 문제와 관련성이 높은 흥미로운 주제에 관심이 많다. 그러한 연구가 아닐 경우, 즉 단지 연구자의 개인적인 호기심에서 시작한 연구일 경우 독자는 연구의 중요성에 대해 신뢰하기 어려워진다. 또한 단지 지금까지 이런 연구가 없었다는 것만으로는 연구의 필요성으로써 충분하지 못하다. 연구 주제가 중요하지 않기 때문에 아무도 관심을 갖지 않았을 수 있다. 따라서 연구의 필요성에 대한 적절한 설명이 요구된다.
- ▢ 왜 이 연구를 시작하게 되었는지 설명한다. 독자는 연구자가 어떻게 이 주제에 관심을 갖게 되었는지, 연구 현상과 관련된 개인적 경험이 있었는지를 알고 싶어 한다. 연구를 시작하게 된 배경이나 개인적 역사가 연구 현상을 보는 관점이나 분석과정에 영향을 미칠 수 있기 때문이다.
- ▢ 이 주제를 다루는데 있어서 왜 이 방법이 최선인지를 설명한다. 이 질문에 적절한 답을 하지 못하는 대학원생이 의외로 많다. 단지 해당 연구 방법이 좋아 보이거나, 다른

연구 방법을 잘 모르기 때문에 이 방법을 선택하였거나, 교수자의 권유로 선택하였거나, 비슷한 주제를 다룬 다른 질적 연구가 있길래 같은 방법을 선택하는 경우 등이 많다. 자신이 해당 방법론과 분석방법을 선택한 이유를 잘 기술하는 것은 연구의 타당도를 높여준다. 추가로 연구 결과를 읽는 독자는 질적 연구에 익숙하지 않을 가능성이 높기 때문에 연구자는 자신이 분석과정에서 사용한 방법에 대해 지면에 충실히 설명하여야 하며 전문용어는 가능한 한 풀어서 기술한다.

분석과정을 투명하게 밝힘으로써 분석이 엄격하고 일관되게 이루어졌음을 보여준다

- ☐ 연구자들은 보통 연구 결과가 **무엇**what이었는가를 기술하는 데 치중한다. 반면 자료가 연구 결과로 **어떻게**how 변화해 갔는지, 어떻게 이런 결과에 이르게 됐는지를 밝히는 데에는 소홀한 편이다Miles et al., 2014; Pratt, 2009. 타당도를 높이려면 참여자의 말이 어떻게 코드에서 범주, 그리고 테마로 바뀌어 갔는지를 보여준다.
- ☐ 분석 단위를 선택한 이유를 밝힌다. 분석 단위는 사례case나 프로그램이 될 수도 있고 사람일 수도 있다. 연구 현상

을 밝히는 데에 어떤 면에서 이 분석 단위가 최선인지를 설명한다.

- ☐ 표집에 대해 밝힌다. 질적 연구는 목적 표집이 일반적인데, 목적 표집 안에서도 해당 사례가 전형적인지, 극단적인 예인지, 대비되는 두 사례의 비교인지 등을 설명한다.
- ☐ 연구 질문을 반영하는 인터뷰 프로토콜을 설계하고 이를 논문에 첨부하여 연구자가 어떠한 질문을 통해 자료를 수집하였는지 밝힌다.
- ☐ 현장에서 연구자는 어떤 역할이었는지 밝힌다. 연구자와 참여자는 원래 알던 사이였는지, 정보를 제공해준 사람과는 어떤 사이인지, 그 장소에서 과거에 일을 한 경험이 있거나 현재도 근무를 하고 있는 지 등은 모두 분석에 영향을 미친다. 최대한 자세하게 기술하도록 한다.
- ☐ 참여자의 모국어가 외국어일 경우 자료 수집과 분석과정에 대해 더 자세히 기술한다. 연구 동의서나 인터뷰 질문은 참여자의 언어로 하였는지, 필요 시 통역이 가능하도록 준비하였는지 기술한다.
- ☐ 감사추적audit trails을 한다. 감사추적은 감사가능성auditability이라고도 하며 발자취를 남기듯 연구 과정 및 사고의 흐름을 기록 자료로 남기는 것을 말한다. 누군가가 연구자에게 "그 생각은 어디서 나온 건가요?"라고 물어볼 때 언제든

증거로 제시할 수 있도록 어떻게 재료가 취합되었는지, 전 과정에 걸쳐 어떤 식으로 의사결정이 이루어졌는지를 모두 기록해 둔다. 테마의 변경 과정을 버전별로 날짜를 기입한 후 저장해 둔다. 감사추적을 위한 자료에는 현장 자료, 메모, 매일 매일의 분석과정과 작업 내용, 코딩 과정의 여러 버전, 인터뷰 프로토콜 등이 포함된다.

결과에 대한 신뢰가 높아지도록 다양한 증거를 제시한다

- [ ] 심층 묘사thick description를 한다. 심층 묘사는 인류학자인 클리포드 기어츠Clifford Geertz, 1973가 철학자 길버트 라일Gilbert Ryle의 개념을 이용하여 처음 설명한 것으로, 사람들의 행동에 포함된 복잡성과 중요성을 자세히 설명하며 기술하는 것을 의미한다. 심층 묘사는 단순히 길게 풀어 쓴 이야기가 아니다. 특정 문화를 공유한 사람들끼리의 암묵적 지식에 대해 연구자가 깊이 이해한 후 충분한 묘사와 구체적인 세부 설명으로 이를 말하는 대신 보여주는 것이다. 다음은 기어츠가 윙크를 주고받는 예로써 심층 묘사를 설명한 것이다.

"라일이 말하는 오른쪽 눈의 눈꺼풀을 황급히 수축시키고 있는 두 명의 소년을 생각해보자. 한 명의 경우는 본인의 뜻과는 상관없이 일어난 것이었으며, 다른 한 명의 경우는 친구에게 보내는 음모의 신호였다고 하자. 이 경우, 두 개의 동작은 그 자체로 보았을 때는 완전히 동일한 것이다. … 그러나 실제로 사진에는 나타나지 않을지 몰라도 눈의 경련과 윙크 사이에는 엄청난 차이가 있으며… 우선 윙크라는 것은 의사전달 방법의 하나이며, 그것도 아주 정확하고 특별한 수단으로 의사를 전달하는 것이다. 다시 말하면 윙크를 한다는 것은 ① 의도적으로, ② 특정인에게, ③ 특정 메시지를 전달하기 위하여, ④ 사회적으로 인정된 코드에 의하여, ⑤ 같이 있는 다른 사람들이 알아채지 못하도록 의사를 전달하는 것이다. … 정의하자면, 눈꺼풀을 수축하는 것이 하나의 공모의 신호로 여겨지는 공적인 코드가 존재하는 곳에서 의도적으로 눈꺼풀을 수축시키는 행위를 하는 것이 곧 윙크이다. 이렇게 정의해 볼 때 여기에는 모든 것이 다 포함된다. 즉, 하나의 행위는 곧 그 문화의 일부가 되며, 그럴 경우 그것은 단순한 동작이 아니라 하나의 제스처라고 할 수 있다Geertz, 2009, pp. 14-15."

심층 묘사를 하려면 연구자는 상황에 대한 깊은 이해가 있어야 한다. 만일 연구자가 특정 맥락이나 현상을 깊이 이해하여 기술하였다면 이런 결과가 맥락이 비슷한 다른 곳에서도 적용될 수 있다는 뜻이므로 독자에게 유용한 정보가 될 것이다. 또한 심층 묘사는 맥락에 대한 이해와 생생함을 전달하기 때문에 독자와 공감대를 형성할 수 있는 유용한 방법이다.

- ☐ 삼각 검증triangulation을 한다. 삼각 검증은 다양하고 다각도의 정보를 통해 현상을 살펴보는 것으로 P의 위치를 정확히 계산하려면 A, B, C라는 적어도 세 기준점이 만나는 점을 사용하는 항해 용어에서 나왔다. 삼각 검증은 다양하게 적용할 수 있다. 형사가 지문이나 알리바이, 머리카락 등의 여러 자료원을 사용하여 범인의 패턴과 매칭하는 증거를 발견하는 것처럼 말이다Miles, et al., 2014, p. 299.

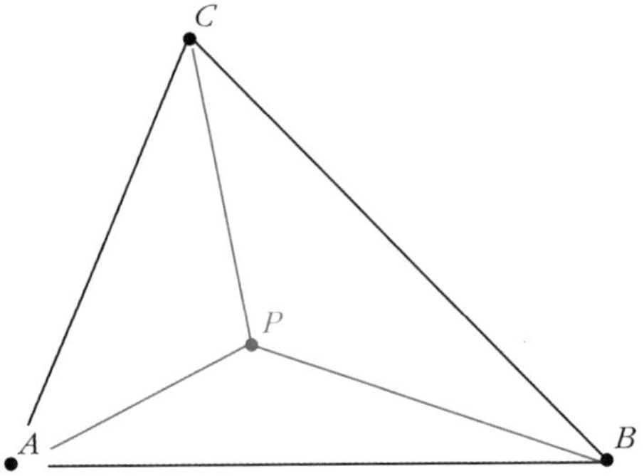

- 자료의 삼각 검증
  - 다른 사람이나 집단에게서 자료를 수집한다. 예를 들어 청소년 기관을 연구할 경우 청소년 인터뷰, 전문가 인터뷰, 기관장 인터뷰를 통해 관련자의 의견을 다양하게 볼 수 있다.
  - 아침에 현장을 방문했다면 다음번에는 저녁에 방문해 보는 등 다른 시간이나 장소에서 자료를 수집한다.
  - 다른 방식으로 자료를 수집한다. 인터뷰뿐만 아니라 관찰과 문서 자료도 함께 보면 자신의 연구 결과에 좀 더 확신을 가질 수 있다. 인터뷰가 주요 자료 수집원이었을 경우 참여자와 비슷한 그룹을 모아 포커스 인터뷰를 해보면서 연구 결과와 비교해 보는 것도 가능하다Saldaña & Omasta, 2018.
- 연구자 삼각 검증: 여러 명의 연구자와 분석을 함께 할 수

있다. 코더 간 신뢰도를 구하는 것이 대표적인 예다. 하지만 앞서 살펴보았듯, 코더 간 신뢰도가 늘 바람직 한 것은 아니다. 동일한 코드표를 가지고 자료에 코드를 부여하는 것이 필요하거나, 연구자가 직접 수집하지 않은 자료를 분석할 때 등에는 적합하지만, 대부분의 질적 연구는 창의성과 이론적 지식에 따라 연구자 간 의도적으로 매우 상이하게 코드를 부여할 수 있기 때문이다Tracy, 2013.

- 이론의 삼각 검증: 앞에서 이론적 틀은 연구자가 복잡한 문제와 사회 이슈를 볼 때 자료의 어떤 부분에 초점을 두고 볼 지를 만드는 틀이며 수많은 자료 중에서 필요한 것을 추려내는 "체"의 역할을 해준다고 하였다. 여러 이론을 통해 다양한 관점으로 현상을 살펴보면 통찰을 제공하고, 자료를 심층적으로 분석할 수 있다.
- 방법의 삼각 검증: 동일한 자료를 다양한 분석방법을 활용해 분석한 후 결과를 비교해 볼 경우 새로운 통찰을 가져올 수 있다. 예를 들어 대화분석이나 현상학적 분석, 근거이론, 또는 내러티브 분석 등을 하나의 자료에 적용해 볼 수 있다. 양적 접근과 질적 접근을 혼합할 수도 있다.

☐ 충분하고 다양한 증거로부터 결론이 도출되었음을 보여주는 표를 넣을 수도 있다Anfara et al., 2002.

주요 결과	자료 원			
	인터뷰	관찰	문서	기타…
범주 A	X	X		
범주 B	X		X	
범주 C			X	X
…				

주요 결과	참여자 그룹			
	청소년들	부모들	학교장	교사
범주 A	X	X		
범주 B	X		X	
범주 C			X	X
…				

연구자의 편향을 줄이고 현실을 최대한 있는 그대로 보여주기 위해 취한 조치들을 밝힌다

- ▢ 연구자의 주관성subjectivity statements을 기술한다. 연구자의 문화, 젠더, 역사, 경험 등은 질문의 선택과 자료 수집, 해석에 영향을 준다. 자신의 주관적 가치, 편견을 성찰하고 연구자가 분석과정에서 어떠한 가정을 가지고 어떻게 분석하였는지를 구체적으로 명시한다. 그렇지 않으면 연구 결과를 다른 연구와 비교할 수 없으며 연구 가치를 평가하기 어렵다Braun & Clarke, 2006.
- ▢ 다양한 참여자의 관점을 연구 결과에 반영한다. 연구자는

말을 잘하고, 많이 알고 있으며 지위가 높은 참여자의 이야기를 더 중요하게 여기는 엘리트 편견elite bias에 빠질 수 있다Miles, et al., 2014, p. 299. 따라서 비판적인 사람들, 소외된 사람들, 소수 집단 등의 관점도 소홀히 다루지 않도록 한다. 또한 여러 명의 참여자 중 단 한 사람이 다른 의견을 냈을 경우에도 이 의견을 중요하게 다룬다Miles et al., 2014.

- [ ] 참여자 검토 또는 멤버 체크Member checks를 한다. 분석과정에서 연구 참여자의 의견을 참고하는 것은 연구 결과가 참여자들의 이야기를 성실히 반영하는 지를 검토하는데 도움이 된다.
  - 기본적인 참여자 검토 방법은 인터뷰를 마치고 이를 전사한 후 참여자에게 보여주며 수정할 부분이 없는 지 확인하는 것이다. 참여자 검토를 하려면 우선 그 이유를 충분히 설명해 주어야 한다. 참여자는 비록 인터뷰에 응해 주었지만 질적 연구 과정에는 익숙지 못할 수 있기 때문이다. 다음으로는 참여자가 어디까지 전사내용을 수정할 수 있는 지 명확히 알려준다. 그렇지 않을 경우 겪을 수 있는 예상치 못한 문제를 칼슨Carlson, 2010의 경험에서 배울 수 있다. 예를 들어 전직 편집장이었던 한 참여자는 자신의 인터뷰 전사를 빨간 펜으로 전부 바꿔 버렸다. 문법 교정은 기본이고 인터뷰 때는 미처 떠오르지 않았던 새로운

내용을 첨부했으며 정작 인터뷰 시 했던 내용의 일부는 자체적으로 관련 없다고 판단해서 삭제해 버렸다. 안타깝게도 삭제된 부분은 연구자의 마음에 들었던 부분이었다고 한다. 또 다른 참여자는 문법이 다 틀린 자신의 인터뷰 내용을 접하고는 부끄러운 마음에 다시 인터뷰를 하겠다고 주장하거나 또는 연구에서 철수해 버리기도 했다. 어떤 참여자는 연구 질문과 다소 동떨어진 자기 이야기만 했다면서 계속 사과한 후 연구에서 자신의 인터뷰를 빼달라고 요청하기도 했다. 이런 모든 실수는 참여자에게 인터뷰 전사를 보여주는 이유 및 이러한 자료가 최종 보고서에서 어떻게 바뀌는 지를 설명하지 못했기 때문이다. 따라서 연구자는 전사를 요청할 때 참여자가 민망해 하지 않도록 자세히 설명해 주어야 한다. 참여자는 "음, 어, 그러니까" 등과 같이 생각을 하면서 얼버무린 말까지 왜 이렇게 세세히 전사하였는지, 최종 연구보고서에는 문법이 어느 정도 교정될 것인지 등을 알아야 한다Carlson, 2010, p. 111.

- 보다 나아간 참여자 검토 방법은 참여자를 분석과정에 포함하거나 참여자와 결과를 공유하고 그들의 의견을 들어보는 것이 있다. 물론 참여자들의 의견에 따라 최종 결론을 바꿔야 하는 것은 아니지만 이들의 의견을 또 다른 자료로 고려하는 것은 도움이 될 수 있다. 이 경우에도 다음

과 같은 세심한 주의가 필요하다Kornbluh, 2015. 참여자들은 연구자가 전문가라고 보기 때문에 연구 결과를 대충 보고 무조건 동의할 수도 있다. 또는 인터뷰를 하느라 많은 시간을 할애했는데 왜 또 이런 과정을 도와야 하는 지 이해하지 못할 수도 있고 테마로 도출된 연구 결과가 다소 생소하게 여겨질 수도 있다. 여러 명의 이야기를 합쳐서 도출해 냈다는 것을 이해하지 못한 채 자신을 잘 반영하지 못한다고 생각하고 결론에 반대할 수도 있다. 이런 문제에 대처하려면 우선 연구자는 참여자와 오랜 시간을 함께 하면서 라포를 형성해 놓는 것이 바람직하다. 참여자들이 연구 결과를 쉽게 이해하도록 그림이나 도표로 보여주기도 하고, 여러 장의 카드에 테마를 적어놓은 후 참여자에게 카드를 분류하도록 요청하는 등 게임처럼 분석을 진행할 수도 있다. 무엇보다도 연구 동의서를 받는 시점에서 참여자들이 어디까지 연구에 참여할 것인지를 미리 합의해 놓는 것이 중요하다.

☐ 연구자가 참여자들의 생활에 익숙해져서 새로운 시선으로 보지 못하는 현지화going native에 빠지지 않도록 한다. 어느 정도 연구 현장과 다른 곳에서 시간을 보낸다든지 다른 종류의 책을 읽거나 다른 사람들과 시간을 보내면서 연구 현상과 거리를 두는 시간을 일상에 추가한다. 이는 논문

스트레스를 완화시키는 데에도 도움이 된다.

- ☐ 전문가나 동료 검증peer/colleague examination을 한다. 연구 주제에 대해 잘 아는 전문가들의 의견을 들어본다든지 동료에게 연구 과정과 결과를 이야기 해본다. 추가로 연구 주제에 대해 거의 모르는 사람에게 결과를 이야기 해보면서 그들의 의견을 들어보는 것도 새로운 통찰을 가져올 수 있다. 중요한 것은 혼자만의 사고에 빠지지 않기 위해 어떤 다양한 노력을 기울였는지 기술하는 것이다Yin, 2013.
- ☐ 분석과정 내내 회의적 감각을 유지하였음을 보여준다. 이는 "사건과 행동이 겉으로 보이는 모습 그대로인가? 연구 참여자들이 연구자와 이야기할 때 솔직한 반응을 보였는가? 연구의 주제와 본질에 대해 연구자가 원래 가졌던 가정assumption이 정말 옳은가"라는 질문을 자신에게 하였다는 것이다Yin, 2013, p. 138. 또한 "A는 B다"라고 느껴질 때 제3의 변수가 혹시 영향을 미치는 지를 살펴본다Miles, et al., 2014, pp. 305-307. 자신의 해석을 뒤집을 수 있는 증거를 성실히 찾으려 노력했음에도 불구하고 증거를 찾을 수 없을 경우에는 자신의 해석에 대해 자신감을 가질 수 있게 된다.
- ☐ 연구 결과에 잘 들어맞지 않는 부정적인 자료가 있을 경우에도 이를 밝힘으로써 독자에게 현실의 복잡함을 있는 그대로 전달하려고 노력한다. 연구자가 처음부터 가졌던

가정을 뒷받침하는 결과만 보고 하는 것보다 독자가 연구자의 결과를 더욱 신뢰하게 만들 수 있다.

연구자의 진정성과 윤리적인 태도를 보여준다

- ☐ 질적 자료는 참여자가 대답을 할 때 일차적으로, 그리고 연구자가 이를 분석하고 기술할 때 또다시 해석이 될 수 밖에 없다Freeman et al., 2007. 자료를 명백한 증거라고 단정하지 않으며 도출한 결과를 유일한 진실인 듯 보고하지 않는다.
- ☐ 인간을 대상으로 연구하는 연구자로서 "해를 끼치지 않는다First, do no harm" Miles et al., 2014, p. 56는 기본 원칙을 준수하였음을 보여준다.
- ☐ 연구 과정에서 예상치 못하게 맞닥뜨린 도전 과제가 있었다면 이것을 어떻게 처리하였는지 밝힌다.
- ☐ 연구 동의서를 받을 때 동의서의 내용을 충분히 설명한 후 참여자의 추가적인 질문을 받고 나서 서명을 하였음을 기술한다. 논문에 연구 동의서를 첨부한다.
- ☐ 참여자의 비밀을 보장해준다. 참여자들의 프로파일을 만들 때에는 가명을 사용한다. 인터뷰 내용을 공개할 경우

신분이 노출될 위험이 있다면 직접 인용보다는 여러 명의 이야기를 합친 합성된 이야기composite narratives를 사용한다 Saldaña & Omasta, 2018.

- ▢ 논문에 기술하지 않더라도 현장에 나갈 때에는 참여자가 연구자와 위화감을 느끼지 않도록 의상, 태도, 사용하는 언어 등 모든 면에서 신경 쓴다. 이는 연구자 보다 지위 등이 높은 참여자를 인터뷰 할 때 역시 해당된다.
- ▢ 관계적 윤리를 지킨다. 때로 연구자는 참여자에게 감정적으로 공감하기 어려울 수도 있다. 또한 연구자가 그들의 의견에 동의할 필요는 없다. 하지만 연구자로서 참여자를 존중하고 진정성 있는 태도를 유지하는 것은 중요하다.
- ▢ 연구를 마칠 때의 윤리를 지킨다. 현장에서 서서히 철수하며 참여자들에게 연구에 협조해 준 부분에 대한 감사를 잊지 않는다. 만일 완성된 논문을 요청할 경우에는 보내줄 수 있는 연락처를 받는다.
- ▢ 연구자가 직면했던 윤리적 이슈나 실수가 있었다면 이를 논문에 기술할 수 있다. 그럴 경우 이러한 문제를 어떻게 처리하였는지 밝힌다. 예를 들어 현장 뒷이야기나 참여자와의 관계, 연구자의 취약성을 드러내는 이야기 등이 포함될 수 있다Tracy, 2013. 크레스웰Creswell, 2017은 질적 연구를 수행하는 과정에서 본인이나 지인이 겪었던 윤리적 딜레마

들을 소개하였다. 예를 들면 청소년 흡연에 관한 인터뷰를 하는 도중 묻지도 않았는데 불법 마약을 사용한다는 폭로를 한 고등학생의 이야기, 인터뷰 테이프를 잠시 요청한 참여자가 테이프를 몰래 가져가 버린 일, 또는 인터뷰 참여자인 수감자로부터 그날 밤 집단적인 "탈옥"이 있을 거라는 이야기를 들은 동료 연구자의 사례 등이다. 연구자는 자신이 연구과정에서 겪은 갈등이나 딜레마 상황을 독자에게 전달하면서 그 과정에서 자신이 선택한 의사결정 과정을 밝힌다. 이러한 정보는 또한 다른 질적 연구자들이 향후 연구에 참고할 만한 유용한 정보를 제공한다.

질적 연구란 무엇일까?

한 번은 친구에게 "그 사람들은 도대체 왜들 그러는지 이해가 되지 않는다"며 화를 내다가 문득 '아, 나 질적 연구자인데, 그 사람 입장에서 이해하려고 해봤나?' 하는 생각이 들어 머쓱해졌다. 타인의 입장에서 보고 타인의 관점에서 자신을 돌아보는 것, 일상을 당연시 하지 않고 비판적으로 검토해 보는 것, 수많은 지식을 수동적으로 받아들이는 것이 아니라 자신만의 관점을 가지고 꿰어 나가는 것, 이 모든 것이 다양한 사람들이 함께 살아가는데 절실히 필요하다고들 말한다. 질적 연구에도 그대로 적용되는 것 같다. 질적 연구란 또한 기꺼이 도전받고 변화할 의지를 가지고 다양한 세상을 만나는 일일 것이다. 마가렛 휘틀리의 다음 글은 질적 연구자로서 우리가 하는 일이 무엇인지를 돌아보게 한다.

Willing to be disturbed

마가렛 휘틀리(Margaret J. Wheatley)

우리가 함께 미래의 희망을 회복하려 노력할 때, 우리는 새롭고 낯선 동료와 함께 해야 합니다. 바로 타인의 생각으로 우리의 신념과 아이디어가 기꺼이 도전 받겠다는 의지입니다. 오늘날의 문제들은 한 명이나 하나의 관점에서 답을 구할 수 없습니다. 역설적이게도, 우리가 모른다는 점을 인정해야만 답을 찾을 수 있습니다. 기꺼이 자신의 확신을 내려놓고 한동안 혼란을 겪을 걸 예상해야 합니다.

우리는 자신의 무지를 인정하는 방법을 배우지 못했습니다. 대부분은 자신감과 확신을 가지고 스스로의 의견이 마치 사실인 듯 말하도록 배웠습니다. 혼란스러워 하는 것은 보상받지 못했습니다. 재빨리 답을 하지 않고 질문을 더 하는 것도 마찬가집니다. 또한 다른 사람들의 말을 들을 때는 내가 그들의 말에 동의하는 지 아닌지를 판단하는 데에 대부분의 시간을 보냈 왔습니다. 우리와 다르게 생각하는 사람 옆에 앉아서 이야기를 들을만한 시간이나 관심이 없었습니다.

하지만 지금 세계는 너무나 골치 아픕니다. 더 이상 삶은 예측할 수 있을 만큼 느리고 평화롭게 흐르지 않습니다. 예전에는 실제로 다음에 무엇을 해야 할지 알았었지요. 오늘날 복잡한 세계 속에 사는 우리는 종종 무슨 일이 일어나는 지 모르고, 또 모르는 상태로 더 많은 시간을 보내지 않는 한 그 복잡성을 이해할 수 없습니다.

우리의 위치나 신념, 이해와 같이 확실한 것을 포기하기란 매우 어렵습니다. 그런 것들은 우리가 누군지 정의 내리고 자기정체성의 중심을 차지합니다. 그러나 우리가 새로운 방식으로 생각하고 협력할 때에만 이 세계를 성공적으로 변화시킬 것이라 저는 믿습니다. 우리에겐 호기심이 필요합니다. 자신의 믿음을 포기할 필요는 없지만 다른 사람이 믿는 것에 대해 호기심을 가질 필요가 있습니다. 그들이 세상을 해석하는 방식이 우리의 생존에 필수적일지도 모른다는 걸 알아야 합니다.

우리는 빽빽하게 뒤얽힌 글로벌 체계 안에서 살아갑니다. 사람들은 그 복잡함의 서로 다른 부분에서 살고 있으며 육체적으로 똑 같은 사람이 단 한 명도 없기 때문에 우리는 각자 세상을 다르게 경험합니다. 두 사람이 같은 현상을 동일하게 보는 일은 불가능합니다. 직접 확인해 볼 수 있습니다. 강연이나 영화, 최근의 사건이나 중요한 문제와 같이 다른 사람과 함께 경험한 사례 하나를 골라서 동료나 친구는 어떻게 이해하고 있는지 물어보세요. 아마 사람들이 말하는 다양한 설명을 듣고 놀랄 겁니다. 더 많은 동료들에게 물어보세요. 그러다 보면 하나의 해석보다도 훨씬 흥미로운 풍성한 해석이 만들어집니다.

다른 사람의 해석에 호기심을 가지려면 우리는 혼자서는 무언가를 해결할 수 없다는 사실을 기꺼이 받아들여야 합니다. 우리의 해결책이 원하는 결과를 가져오지 않거나 사건에 대한 충분한 설명을 하지 못한다면 다른 사람들은 어떻게 보고 생각하는 지를 묻기 시작할 때입니다. 세상에 이렇게 많은 해석이 존재하는데 어째서 서로 동의하는 척 피상적인 대화에 만족하는 지 저는 이해할 수 없습니다.

함께 차이점을 나누는 많은 방식이 있습니다. 최근 저를 놀라게 하는 어떤 이야기를 듣고 있었습니다. 어떤 부분이 저를 그렇게 놀라게 했을까요? 저는 동감하는 이야기를 들으며 고개를 끄덕이는 데에 익숙하기에 이것이 쉽지는 않습니다. 하지만 저를 놀라게 하는 걸 발견했을 때 신념과 가정을 포함한 스스로의 관점을 보다 명확히 볼 수 있었습니다.

자신을 놀라고 불편하게 하는 것을 알아채는 건 보이지 않는 신념을 볼 수 있는 매우 효과적인 방법입니다. 만일 당신의 말이 나를 놀라게 한다면 나는 무언가 다른 것이 사실이라고 간주해 왔을 것입니다. 만일 당신의 말이 나를 불편하게 한다면 나는 무언가 당신과 반대되는 것을 믿고 있을 것입니다. 당신의 위치에 내가 충격을 받는 것은 나 스스로의 위치를 드러냅니다. "어떻게 그런 걸 믿는 사람이 있지?"라고 말하는 순간 나 스스로의 신념에 환하게 불이 밝혀집니다. 이런 순간들은 큰 선물입니다. 내가 스스로의 신념과 가정을 볼 수 있다면 그것들을 여전히 가치 있게 여길 지를 결정할 수 있습니다.

대화를 시작하고 새로운 것에 귀 기울이기를 바랍니다. 무엇이 다른지, 무엇이 당신을 놀라게 하는지를 열심히 들으십시오. 이런 연습이 뭔가 새롭게 배우는 데에 도움이 되는 지 살펴보십시오. 여러분이 함께 이야기 나누는 사람과 더 나은 관계를 발전시키고 있는 지에 주목해 보세요. 몇명의 사람과 이렇게 해 보면 사람이란 얼마나 저마다 독특한 지를 깨닫고는 크게 웃게 될 것입니다.

확신하기 보다는 궁금해 하고, 다른 사람의 이야기를 경청할 기회가 매일같이, 하루에도 여러 번 있습니다. 하지만 무엇보다도 경청은 우리를 가깝게 하는 장점이 있습니다. 판단을 줄이고 서로 경청할 때 더 좋은 관계가 만들어집니다. 우리를 가르는 것은 차이점이 아닙니다. 서로에 대해 우리가 내리는 판단입니다. 반면 호기심과 경청은 우리를 함께 해줍니다.

우리는 때로 변하기 싫어서 차이점을 듣지 않으려 합니다. 대화 중에 누군가가 질문을 제기하면 우리는 편하게 유지되던 상태에서 벗어나 무언가를 바꾸려는 노력을 해야 합니다. 듣지 않는다면 그냥 이 상태로 지내면서 에너지를 쓰지 않아도 될 것입니다. 하지만 우리 대부분은 자신의 삶이나 세계에서 지금과는 다르기를 바라는 부분을 봅니다. 그게 맞는다면 우리는 더 많이 들어야만 합니다. 그리고 불확실함이라는 매우 불편한 장소로 기꺼이 들어가야 합니다.

혼란을 거부한다면 창의적일 수 없습니다. 변화는 늘 혼란과 함께 시작되며 새로운 해석이 생겨나기 위해서는 그간 소중히 여겨온 해석은 사라져야만 합니다. 물론 아는 것을 포기

하기란 두렵지만, 새로움은 심연에 있습니다. 위대한 생각이나 발명은 알지 못하는 데서 기적과 같이 나타납니다. 우리가 두려움을 통해 심연으로 들어갈 수 있다면 위대한 보상을 받게 됩니다. 우리의 창의성을 재발견하게 됩니다.

낯설고 이해되지 않고 어려워져 가는 세계 안에서 혼자 투쟁하고 있기를 원하는 사람은 거의 없을 것입니다. 혼자만의 좁은 관점으로는 어떻게 할 지 알 수 없습니다. 우리는 무슨 일이 일어나는 지 더 잘 이해해야 합니다. 나는 당신과 함께 앉아 내가 관찰한 모든 두렵고 희망적인 것들에 관해 이야기하고, 당신을 두렵게 하거나 당신에게 희망을 주는 것에 대해 듣고 싶습니다. 내게 중요한 문제들에 관한 새로운 아이디어와 해결책이 필요합니다. 그걸 발견하려면 당신과 이야기 해야 함을 압니다. 나는 당신의 관점을 존중하는 걸 배워야 하고, 당신 역시 나의 관점을 인정해 주길 바랍니다. 당신의 이야기에 마음이 흔들리기를 기대합니다. 우리가 함께 생각하기 위해 서로 동의할 필요가 없다는 것을 압니다. 머리로 연결될 필요는 없습니다. 우리는 인간의 마음으로 서로 연결됩니다.

References

한유리 (2020). 질적 연구 입문(2nd ed.), 피와이메이트.

Alasuutari, P. (1996). Theorizing in qualitative research: A cultural studies perspective. *Qualitative Inquiry, 2*(4), 371-384.

Anfara, Jr. V. A., & Mertz, N. T. (Eds.) (2006). *Theoretical frameworks in qualitative research.* Thousand Oaks, CA.: Sage.

Anfara, Jr. V. A., Brown, K. M., & Mangione, T. L. (2002). Qualitative analysis on stage: Making the research process more public. *Educational Researcher,* October, 28-38.

Bazeley, P. (2013). *Qualitative data analysis. Practical strategies.* Thousand Oakes, CA: Sage.

Becker, H. S. (2005). *학계의 술책.* 서울: 함께읽는책. (원전은 1998에 출판)

Bernard, H. R., & Ryan, G. W. (2010). *Analyzing qualitative data: Systematic approaches (1st ed.)* Thousand Oaks, CA: Sage.

Boeije, H. (2002). A purposeful approach to the constant comparative method in the analysis of qualitative interviews. *Quality & Quantity, 36,* 391-409.

Braun, V., & Clarke, V. (2016). Thematic analysis. In E. Lyons & A. Coyle (Eds.), *Analysing qualitative data in psychology (2nd ed).* (pp. 84-103). Thousand Oaks, CA: Sage.

Brinkmann, S. (2014). Doing without data. *Qualitative Inquiry, 20*(6), 720-725.

Carlson, J. A. (2010). Avoiding traps in member checking. *The Qualitative Report, 15*(5), 1102-1113.

Charmaz, K. (2013). *근거이론의 구성: 질적분석의 실천 지침.* 서울: 학지사.

(원전은 2006에 출판)

Contas, M. A. (1992). Qualitative analysis as a public event: The documentation of category development procedures. *American Educational Research Journal, 29*(2), 253-266.

Courtenay, B. C., Merriam, S. B., & Reeves, P. M. (1998). The centrality of meaning-making in transformational learning: How HIV-positive adults make sense of their lives. *Adult Education Quarterly, 48*(2), 65-84.

Creswell, J. W. (2017). *질적 연구의 30가지 노하우*. 서울: 박영Story. (원전은 2015에 출판)

Cron, L. (2015). *끌리는 이야기는 어떻게 쓰는가? 사람의 뇌가 반응하는 12가지 스토리 법칙*. 서울: 웅진지식하우스 (원전은 2012에 출판)

Denzin, N. K., & Lincoln, Y. S. (1994). Introduction: Entering the Field of Qualitative Research, in The Handbook of Qualitative Research. Thousand Oaks, CA: Sage.

Dey, I. (1993). *Qualitative data analysis: A User Friendly Guide for Social Scientists (1st ed.)*. New York: NY: Routledge.

Eco, U., & Sebeok, T. A. (편저) (2015). *셜록홈스, 기호학자를 만나다: 논리와 추리의 기호학*. 서울: 위즈덤하우스. (원전은 1983에 출판).

Edmondson, A. C., & Mcmanus, S. E. (2007). Methodological fit in management field research. *Academy of Management Review, 32*(4), 1155-1179.

Flick, U. (2014). Mapping the field. In U. Flick (Ed.), *The SAGE Handbook of Qualitative Data Analysis* (pp. 3-18). Thousand Oaks, CA: Sage.

Flick, U. (2018). Triangulation. In N. K. Denzin & Y. S. Lincoln (Eds.), *The SAGE Handbook of Qualitative Data Research* (pp. 444-461). Thousand Oaks, CA: Sage.

Freeman, M., de Marrais, K., Preissle, J., Roulston, K., & St., Pierre, E. A. (2007). Standards of evidence in qualitative research: An incitement to discourse. *Educational Researcher, 36* (1), 25-32.

Freeman, M. (2017). *Modes of thinking for qualitative data analysis.* New York, NY: Routledge.

Gadamer, H. G. (1975, 1989). *Truth and method (2nd ed.).* London: Continuum.

Geertz, C. (2009). *문화의 해석.* 서울: 까치글방 (원전은 1973에 출판)

Gibbs, G. (2007). *Analyzing qualitative data.* Thousand Oaks, CA: Sage.

Grbich, C. (2013). *Qualitative data analysis: An introduction.* Thousand Oaks, CA: Sage.

Harding, J. (2013). *Qualitative data analysis from start to finish.* Thousand Oaks, CA: Sage.

Herman, A. E. (2017) *우아한 관찰주의자.* 서울: 청림출판. (원전은 2016에 출판)

Hertenstein, M. J. (2014). *스냅: 상대의 미래를 간파하는 힘.* 서울: 비즈니스 북스. (원전은 2013에 출판)

Imenda, S. (2014). Is there a conceptual difference between theoretical and conceptual frameworks? *Journal of Social Science, 38*(2), 185-195.

Joffe, J. (2012). Thematic analysis. In D. Harper., & A. Thompson (Eds.) *Qualitative research methods in mental health and psychotherapy: A guide for practitioners* (pp. 209-223). Chichester: Wiley-Blackwell.

Kang, D. J. (2010). Creating learning: A Korean drummer's lifelong quest to be the best. *Qualitative Inquiry, 16*(8), 663-673.

Kelle, U. (2014). Theorization from data. In. U. Fliek (Ed.) *The SAGE handbook of qualitative data analysis* (pp. 554-568). Thousand Oaks, CA: SAGE.

King, N. & Horrocks, C. (2013). *질적연구에서의 인터뷰,* 서울: 현문사 (원전은 2010에 출판)

Klebold, S. (2016). *나는 가해자의 엄마입니다,* 서울: 반비 (원전은 2016에

출판)
Kornbluh, M. (2015). Combatting challenges to establishing trustworthiness in qualitative research. *Qualitative Research in Psychology, 12*, 397–414.
Kroth, M., & Cranton, P. (2014). *Stories of transformative learning.* Thousand Oaks, CA: Sage.
Kuchartz, U. (2014). *Qualitative text analysis. A guide to methods, practice and using software.* Thousand Oaks, CA: Sage.
Kvale, S. (1996). *InterView: An introduction to qualitative research interviewing.* Thousand Oakes, CA: Sage.
LeCompte, M. D., & Schensul, J. J. (1999). *Analyzing & interpreting ethnographic data.* Walnut Creek, CA: Altamira.
LeCompte, M. D. (2000). Analyzing qualitative data. *Theory into Practice, 39*(3), 146–154.
LeCompte, M. D., & Preisslem J. (1993). *Ethnography and qualitative design in educational research (2nd ed.).* San Diego: Academic Press.
Lincoln, Y. S., & Guba, E. G. (1984). *Naturalistic Inquiry.* London: Sage Publications.
Lyons, E., & Coyle. A. (2015). *Analysing qualitative data in psychology (2nd ed.).* Thousand Oaks, CA: Sage.
Maxwell, J. A., & Chmiel, M. (2014). Notes toward a theory of qualitative data analysis. In. U. Fliek (Ed.) *The SAGE handbook of qualitative data analysis* (pp. 21–34). Thousand Oaks, CA: SAGE.
Maxwell, J. A. (2012). The importance of qualitative research for causal explanation in education. *Qualitative Inquiry, 18*(8), 655–661.
Miles, M. B., Huberman, A. M., & Saldaña, J. (2014). *Qualitative data analysis. A methods sourcebook (3rd ed.).* Thousand Oaks, CA: Sage.
Patton, M. Q. (2017). *질적 연구 및 평가 방법론.* 서울: 교육과학사. (원전은 2015에 출판)

Pratt, M. G. (2009). For the lack of a boilerplate: Tips on writing up (and reviewing) qualitative research. *Academy of Management Journal, 52*(5), 856-862.

Ravitch, S. M., & Riggan, M. (2016). *Reason & rigor: How conceptual frameworks guide research (2nd ed.).* Thousand Oaks, CA.: Sage.

Reeves, S., Albert, M., Kuper, A., & Hodges, B. D. (2008). Why use theories in qualitative research? *BMI,* 337, 631-634.

Revsbæk, L., & Tanggaard, L. (2015). Analyzing in the present. *Qualitative Inquiry, 21*(4), 376-387.

Richardson, L., & St. Pierre, E. A. (2005). Writing: A method of inquiry. In N. K. Denzin & Y. S. Lincoln (Eds.), *The Sage handbook of qualitative research* (3rd ed., pp. 959-978). Thousand Oaks, CA: Sage.

Ritchie J, Lewis J. (2003). *Qualitative research practice: a guide for social science students and researchers.* London: Sage.

Roulston, K. (2014). Analysing interviews. In U. Flick (Ed.), *The SAGE Handbook of Qualitative Data Analysis* (pp. 297-353). Thousand Oaks, CA: Sage.

Saldaña, J., & Omasta, M. (2018). *Qualitative research: Analyzing life.* Thousand Oaks, CA: Sage.

Saldaña, J. (2013). T*he coding manual for qualitative researchers (2nd ed.).* Thousand Oaks, CA: Sage.

Schwandt, T. A. (2015). *The SAGE dictionary of qualitative inquiry (4th ed.).* Thousand Oaks, CA: Sage.

Seidman, I. (2009). *질적 연구 방법으로서의 면담.* 서울: 학지사. (원전은 2005에 출판)

Sharma, P., & Kaur, M. (2013). Classification in pattern recognition: a review. *International Journal of Advanced Research in Computer Science and Software Engineering, 3*(4), 298-306.

Sipe, L. R. & Ghiso, M. P. (2004). Developing conceptual categories in classroom descriptive research: Some problems and possibilities. *Anthropology & Education Quarterly, 35*(4), 486- 493

Spradley, J. P. (1979). *The Ethnographic Interview.* New York, NY: Rinehart and Winston.

St. Pierre, E. A., & Jackson, A. Y. (2014) Qualitative data analysis after coding. *Qualitative Inquiry 20*(6): 715–719.

Staller, K. M. (2015). Qualitative analysis : The art of building bridging relationships. *Qualitative Social Work, 14(2),* 145–153.

Strauss, A., & Corbin, J. (1990). *Basics of qualitative research: Grounded theory procedures and techniques.* Newbury Park, CA: Sage.

Strauss, A., & Corbin, J. (1998). *Basics of qualitative research: Techniques and procedures for developing grounded theory (2nd ed.).* Thousand Oaks, CA: Sage.

Tracy, S. J. (2013). *Qualitative research methods: Collecting evidence, crafting analysis, communicating impact.* New Jersey, NJ: Wiley-Blackwell.

Tracy, S. J. (2010). Qualitative quality: Eight "big-tent" criteria for excellent qualitative research. *Qualitative Inquiry, 16*(10), 837–851.

Watts, S. (2014). User skills for qualitative analysis: Perspective, interpretation and delivery of impact. Qualitative *Research in Psychology, 11,* 1–14.

Wheatley, M. J. (2002). *Tuning to one another: Simple conversations to restore hope to the future.* San Francisco, CA: Berrett-Koehler.

White, P. (2009). *Developing research questions: A guide for social scientists.* New York, NY: Macmillan.

Wolcott, H. F. (1994). *Transforming qualitative data: description, analysis, and interpretation.* Thousand Oaks, CA: Sage.

Yin, R. K. (2013). *질적 연구: 시작부터 완성까지.* 서울: 학지사. (원전은 2010에 출판)

Index

ㄱ

가설 14

가추적 사고(abduction) 112

감사추적(audit trails) 61, 144

개념 15

개념도(concept map) 94

결론 120

과정 코딩(process coding, 또는 action coding) 78

구성주의 140

귀납(induction) 112

귀납적 73

근거이론 21

글쓰기 121

기술 코딩(descriptive coding) 77

ㄴ

내러티브 64

내러티브적 사고 38

내용분석(content analysis) 105

ㄷ

대비 코딩(versus coding) 78

드라마 코딩(dramaturgical coding) 78

ㄹ

라포 63

ㅁ

매트릭스(matrix) 129

매트릭스 분석(matrix analysis) 74

맥락 97

멤버 체크(member checks) 151

목적 표집 144

미묘한 실재론(subtle realism) 141

ㅂ

방법론 21

범주 15

범주적 사고 38

범주화(categorization, categorizing) 38, 83

본보기(exemplars) 132

분석 노트 60
분석 단위 143
비네트(vignette) 131
비언어적(nonverbal) 지표 64
비유나 은유(metaphor) 131
비판이론 21

ㅅ

사례 간 분석 96
사례 내 분석 96
사례 연구 63
삼각 검증(triangulation) 147
상징적 상호작용이론 21
선이해 23
선입견 23
선행연구 14
설계 22
성찰 22
속성 82
스토리텔링 121
신실성(trustworthiness) 140
심층 묘사(thick description) 145

ㅇ

암묵적인 이론(tacit theories) 20
연구 결과 12
연구 동의서 155
연구 방법(method) 106
연구 방법론(methodology) 106
연구자(또는 코더coder) 간 일치도 31
연구자의 주관성(subjectivity statements) 24, 150
연구 질문 22
연구 현상 15
연역(deduction) 112
연역적 74
연역적 코드(아프리오리(a priori) 코드 75
오픈 코딩(open coding) 74
원자료 96
유형화(typology) 130
윤리 156
의미론적(sementic) 기억 97
의사결정 모델(decision model) 130
2단계 코딩 77
이론 15
이론적 코드 75
이론적 틀 20
이론적 표집 60
이론화 12
인 비보 코딩(in vivo coding) 77
인과관계 107
인용 64

인용문 126
인터뷰 29
인터뷰 프로토콜 29
1단계 코딩(1st level coding) 76
1차 주기(순환) 코딩(1st cycle coding) 76
일화(anecdotes) 132

ㅈ

작업 가설(working hypothesis) 20
작업 개념(working concept) 20
전문가나 동료 검증(peer/colleague examination) 154
전사 62
주관적인 경험 79
준언어적(paralanguage) 지표 64
줄코딩(line-by-line coding) 80
지속적 비교 방법(constant comparative method) 92
진정성 155
질적 자료 13
질적 자료 분석 소프트웨어(CAQDAS) 33

ㅊ

차원 82
참여자 검토 151
초기 순환 코딩(primary-cycle coding) 76

ㅋ

코드 71
코드 리스트 75
코드 북 31

ㅌ

타당도(validity) 31, 140
탑 다운(top-down) 방식 74
테마 15
테마 분석(TA: thematic analysis) 105
테마 지도(thematic map) 94
테마(주제)들 47
템플릿 분석(template analysis) 74

ㅍ

패턴 12
편견 14
포스트모더니즘 21
표(table) 128
프라그마티즘(실용주의) 106

ㅎ

합성된 이야기(composite narratives)

	156	현지화(going native)	153
해석	12	환원주의적 분석	97
현상학	21	회의적 감각	154

저자 약력

한유리

조지아 대학(The University of Georgia, Athens, GA) Learning, Leadership and Organization Development Programs, 박사
이화여대 상담심리, 석사
이화여대 정치외교학과 졸업

저서
질적 연구 입문, 박영Story, 2015

역서
질적 연구의 30가지 노하우, 박영Story, 2017
문헌리뷰 작성가이드, 박영Story, 2020

qualresearch@naver.com
https://blog.naver.com/qualresearch

초보연구자를 위한 질적 자료 분석 가이드

초판발행 2018년 7월 31일
중판발행 2022년 2월 10일

지은이 한유리
펴낸이 노 현

편 집 김효선
표지디자인 조아라
제 작 고철민·조영환

펴낸곳 ㈜피와이메이트
서울특별시 금천구 가산디지털2로 53, 한라시그마밸리 210호(가산동)
등록 2014. 2. 12. 제2018-000080호
전 화 02)733-6771
f a x 02)736-4818
e-mail pys@pybook.co.kr
homepage www.pybook.co.kr
ISBN 979-11-89005-23-8 93330

정 가 14,000원

박영스토리는 박영사와 함께 하는 브랜드입니다.